天才 渋沢栄一

星 亮一
Hoshi Ryoichi

明治日本を創った逆境に強い男と慶喜

さくら舎

はじめに

令和《れいわ》という時代が渋沢栄一《しぶさわえいいち》とともにスタートした。

福沢諭吉に代わって一万円札の顔になるのが渋沢栄一である。

四年後の二〇二四年、国民は日々、渋沢とともに、暮らすことになる。

渋沢は昭和六年、九十一歳でこの世を去るまで第一国立銀行をはじめ五百余の会社を設立、六百余の教育福祉事業の立ち上げに関与し、近代日本の建設に偉大な貢献をした人物だった。

第一国立銀行は現在のみずほ銀行である。ここでは四十余年間、頭取を務めた。

さらに早稲田大学、日本女子大学、二松学舎大学、同志社大学などの設立にも協力し、東京慈恵会、聖路加国際病院などの設立にも助成し、日本結核予防協会、癩《らい》予防協会の結成にも力を貸した。

六十歳を過ぎてから四回も訪米し、日米関係の改善にも骨を折った。

渋沢はヨーロッパの自由主義、民主主義を身につけ、かつ日本古来の道義心も兼ね備えた偉大な日本人だった。

「憲政の神様」と言われた尾崎咢堂《おざきがくどう》に「渋沢は西郷、大久保に匹敵する人物」と言わしめた男である。

実業家としてこれほど鮮烈に近代日本の社会に登場した人物はほかにいない。

渋沢が歴史に登場するのは、将軍徳川慶喜の異母弟徳川昭武《あきたけ》に随行、パリの万国博覧会に出席、近代ヨーロッパの文明をこの目で見たことが、きっかけだった。

渋沢は自分にそうした機会を与えてくれた慶喜を終生、尊敬崇拝してやまず、『徳川慶喜公伝』の編纂を手掛け、徳川幕府の功績もたたえ、最後の将軍、慶喜の復権にも大いに尽力した。

慶喜は腰ぬけと揶揄《やゆ》されたが、渋沢が財界トップの座を占めたことで、世間に顔向けができた。渋沢の本質は幕臣の意地であった。

時の権力にへつらう事なく、在野の精神を生涯貫き通し、懸命に生きた男こそが渋沢栄一だった。

大恩人の慶喜を見習ったわけでもないだろうが、渋沢は多くの女性に取り巻かれ、三十人以上の子供がいた。

「自分は婦人関係以外、天地に恥じることはない」と言い切った。

これほどの人物を私は知らない。

日本の産業界は近年、利益追求だけを優先する企業風土が蔓延している。

東京商工会議所は渋沢の思想を改めて共有すべく運動を展開するなど、渋沢の見直し論が各界に広がっている。

渋沢は、天才的ひらめきと実行力の持ち主であり、その生涯は日本近代史に燦然と輝くものである。

目次◆天才　渋沢栄一
——明治日本を創った逆境に強い男と慶喜

第二章　幕末の熱風

第三章　将軍徳川慶喜の誕生

第四章　パリ万国博覧会へ

第五章　江戸から東京

第六章　「大蔵省主税局長」に就任

第七章　近代日本構築に捧ぐ

第八章 渋沢の『徳川慶喜公伝』刊行の執念

天才　渋沢栄一

――明治日本を創った逆境に強い男と慶喜

第一章　運命の徳川一橋家仕官

思わぬ事件

人生、なにが起こるかわからない。

若い時代の渋沢は、反幕府だった。生家は農家である。

豪農の部類だが、なにかと代官にいじめられ、反幕府の活動家だった。

文久四年（一八六四）二月初旬のある日、渋沢栄一に武蔵国で別れた尾高長七郎《おだかちょうしちろう》から手紙が届いた。

そこには思いもよらぬことが書いてあった。

長七郎が事件に巻き込まれて逮捕されたというのである。

長七郎は渋沢の従兄で師・尾高惇忠《おだかあつただ》の弟。

渋沢が長七郎に出した「幕府は間もなくつぶれるだろう」と書いた手紙も押収されたというのである。

「困った」

と渋沢は顔面蒼白《がんめんそうはく》だった。

翌朝、私淑《ししゅく》している一橋家の用人・平岡円四郎《ひらおかえんしろう》から手紙が来た。すぐ来てくれという。

渋沢の生国は一橋家の領地である。

何事かと出かけると、平岡は、長七郎の逮捕を知っており、

「幕府から一橋家に問い合わせが来ている」

というではないか。

万事休すである。こうなっては平岡に助けてもらうしか手はない。

「一体、どうするつもりだ。この際は一橋家に仕官するしか道はあるまい」

と平岡が言った。

この夜、渋沢と従兄の渋沢喜作《きさく》は夜通しかかって、話し合い、一橋家に仕官することに決めた。武士になりたいという渋沢の願望が実現するのだ。

渋沢にとって平岡こそ、大恩人だった。

翌日、渋沢は平岡にそれを伝え、

「一橋家にお世話になりたいと思います。折を見て一橋卿に拝謁願いたい」

と申し入れた。

あくまで、転んでもただでは起きない渋沢のがめつさだった。

平岡はどこまでも親切だった。

「慶喜公は馬の調練をされるので、その途中でご挨拶するがよい」

と言ってくれた。

ワンチャンス

一橋慶喜の日課は朝の調馬から始まる。

「これだな」

と渋沢は目論《もくろ》んだ。

慶喜は五十騎と二十人を連れて疾走してくる。それを待ちうけて馬の後ろを走るのだ。

渋沢は背が低く、肥満で腹が出ている。

馬になど追いつけるものではない。やがて慶喜の目にとまった。

「あれは何者だ」

「新規召し抱えの者にございます」

「太っておるな」

「はい、武蔵国の者にございます」

「そうか」

という程度だったが、これが縁で慶喜にお目通りがかなった。

そこで渋沢はとうとうと弁舌をふるった。

さすがの渋沢も慶喜の気品ある威厳に打たれたが、今こそ大事の際と落ち着き払って、しかも忌憚《きたん》なく意見を述べた。

挨拶だけだろうと思っていた平岡があわてて制したが、渋沢はどこ吹く風、

「およそ政府の紀綱がゆるんで、号令も行われぬような天下多事の時にあたっては、天下を治めようとする人もあり、また天下を乱そうとする人もありましょう。しかし天下を乱

す人こそ、いずれ天下を治める人でありますから、天下を乱すほどの力量ある人物をことごとくお集めになれば、ほかに乱すものがなくなります」

としゃべりまくって、慶喜を見つめた。

慶喜は珍しく無言だった。

渋沢はまだ話す風情である。

さすがの平岡も慌てた。「黙れ」とも言えない。

それを横目に、渋沢はお構いなしにさらに続けた。

「君公には賢明なる水戸烈公（斉昭《なりあき》）の御子にましまして、殊に御三卿《ごさんきょう》の貴き御身をもって京都御守衛総督という要職に御就任遊ばされました。今日、幕府の命脈もすでに滅絶したと申し上げてよい有様であります。幕府の潰れる時は、一橋の御家もまたもろともに潰れるは必定であります。真に御宗家を存せんと思召すならば、遠く離れてお助けなさるより外に計策はないと考えます」

慶喜にここまで言う人間は、いまだかつて誰もいなかった。

慶喜はいかにも、不機嫌な様子で黙って聞いた。

「かわった男だ」

後で慶喜は平岡に一言、漏らした。

この弁舌が功を奏したのか、やがて渋沢は外交、渉外役をつかさどる御用談所の下役に配置換えになった。

渋沢の仕事ぶりは、完璧であった。

薩摩の西郷隆盛を訪ね、薩摩の意向を聞いてもいた。

そのことが自伝の『青淵回顧録』に記載されている。

「お前んは面白い男だ、今晩、豚の肉を煮るから食べに来い」

と西郷が語り、一緒に食事したこともあったという。

西郷もこの男はどこか非凡なものをもっていると感じたに違いなかった。

摂海防禦

平岡は超真面目人間、かつ大胆不敵な渋沢を高く評価し、

「お前、大坂に行って来い」

と命じた。

「どんな用件ですか」

「摂海防禦《せっかいぼうぎょ》だ」

異国船から京都をいかに守るか、そのために摂海（大阪湾）防禦の工事を始める。それを監視せよという命令だった。

弘化の頃から外艦渡来の風説あるごとに、京都守護の立場から摂海防禦の議が問題とな

って来た。その結果、幕府に摂海防禦の専門職を置くことになり、この任についたのが一橋慶喜だった。

これに関して、薩摩の島津久光から具体策の提案があった。それは薩摩藩士折田《おりた》要蔵《ようぞう》が立案した摂海防備の具体案である。

折田の設計は、砲台十四箇所、大砲八一〇門を造り、その外に城壁を築くというものだった。

幕府は久光の顔を立て、折田に百人扶持を給し、摂海防禦砲台築造御用を命じた。

この折田の許に住み込んで、その内情を探るのが、渋沢の任務だった。

そこで分かったことは、折田は管理能力に乏しく、しかるべき人物の派遣が必要という事だった。

「そうか」

平岡から渋沢の報告書を受け取った慶喜は、これをもとに事業の推進に当たった。

「役に立つ男だ」

渋沢は慶喜の眼鏡にかない、立身出世の糸口をつかむことになる。

兵の募集

最初の重任を首尾よく果した渋沢は、一か月ほどして、さらに重要な任務を命ぜられた。

人選御用である。

一橋家の石高は十万石だが、独立した大名ではないので、家来は慶喜の身の周りを世話するごくわずかの人数だけだった。

一橋家を隆盛にするためには、強力な家臣団を編成する必要ありというのも、渋沢の主張だった。

「お任せください」

当時、一橋家の領地は関東に二万石、摂州（大阪、兵庫の一部）約八千石、播州（神戸周辺）に二万石、備中（岡山）に約三万五千石、合計十万石ほどの賄料だった。

領地が各地に分かれていたことで、一橋家に対する帰属意識が薄いのが難点だったが、天下の一橋家である。

「領内を歩けば、なんとかなる」

と考えたが、とんでもなかった。

最初に大坂の代官所に出かけ依頼したが、応募者はなし。

これには困った。庄屋を集めて事情を聞くと、代官が反対しているという。

「一橋様も昨今、無理難題を言ってくる。無理に応募しなくてよいとのことだった」

と白状した。

「冗談じゃない」

憤慨した渋沢は、早速、代官を一堂に集め、

「協力できぬとあらば、代官を辞職してもらわねばならない」

と脅しをかけた。

代官たちは驚き慌て、すぐに四百五十人が集まった。

集めた若者たちに訓練を施し、兵制を組み立てた。

慶喜はことのほか喜び、その功績で渋沢は白銀五枚と衣装一式を贈られ、大いに面目を施した。

渋沢はそういう慶喜に一段とほれ込んだ。

元治二年（一八六五）二月、渋沢は小十人《こじゅうにん》という身分になり、十七石五人扶持、月俸が十三両になり、主君にいつでもお会いできる御目見《おめみえ》以上の身分になった。

一橋家に奉職してわずか一年で、二段階の出世である。これには渋沢も驚いた。

平岡の死

そんな折、京都で悲しむべき事件が起こった。

こともあろうに平岡が、一橋邸の傍らで過激派の水戸藩士に斬殺されたのだ。

水戸藩は強烈な尊王攘夷《そんのうじょうい》であり、慶喜が開国を主張しているのは、平岡がそそのかしているせいだという凶行だった。

「馬鹿も休み休みに言え。馬鹿野郎ッ」

渋沢は悲憤、嘆息、水戸藩を激しく批判し、失望した。

今の時世をなんと心得るのだ。ペリーの来航以来、日本は未曽有の危機に遭遇してきた。

どう考えても日本の生きる道は開国して、世界とともに歩むことだ。

こう主張する慶喜を渋沢は、もっともだと思ってきた。

ところが公家や長州は、依然として攘夷だという。

軍艦も大砲もない日本が世界列強を相手に戦争できるはずはない。

商人として、藺玉の販売に携わってきた渋沢には、尊王攘夷がどうしても理解できない。

若気のいたりでかつて倒幕は考えたが、いまは一橋家に仕える幕臣である。

慶喜の信頼も抜群で、慶喜は渋沢のいうことは何でも聞いてくれた。

慶喜にとって農民上がりの家臣は初めてだった。士族育ちと発想が全く異なり、骨惜しみなく働くことに驚いた。しかも、どこにでも出かけて情報を集めてくる。理財にも長《た》けている。

慶喜の人を見る眼も一段と広くなり、渋沢効果は、目を見張るものがあった。

容保の涙

慶喜の下、禁裏を警護する京都守護職の会津藩主松平容保《まつだいらかたもり》は、京都で冷酷無残な人物と流布されていた。事実はかなり異なり、病弱で涙もろいところがあり、よく目を潤《うる》ませた。

禁門《きんもん》の変の時、容保は病で臥せっていた。

しかし緊急事態である。白鉢巻、麻裃で、御所の勝手口にある清所御門から武家玄関まで「御輿《みこし》」のままで通り、武家候所に昇殿した。

この時、公家たちは、

「駕籠のまま入ってきたのは無礼な行為だ」

と容保を非難した。

長州勢が、御所に攻め込んだ緊急事態である。どこの門をどう通ろうが、問題などあろうはずがないのだが、下っ端役人はあくまで頑固だった。

刑部芳則《おさかべよしのり》『公家たちの幕末維新』（中公新書）に「松平容保の無礼な行為」と題して詳しい記述がある。

これがどこまで問題になったのかはわからないが、容保は、

「黙れ」

とはねつけるような人物ではなかった。

「この非常事態に無礼もへちまもあるものか」

慶喜ならばこういったに違いないが、容保は無言を通し、弁解はしなかった。

容保の素顔は、人を疑うことを知らない無垢な人間だった。

話せばわかると考え、本陣を置いた金戒光明寺《こんかいこうみょうじ》を訪ねてくる自称憂国の志士と称する有《う》象無象《ぞうむぞう》の浪人どもと、直接面接したこともあった。

容保は京都守護職の職権を振り回すことはなく万事、控えめだった。

性格的に、乱闘続く京都守護職には不向きな人物だった。

慶喜はこうした容保を冷ややかに見つめていた。

このため公家たちからも甘く見られていた。

財務担当

兵力拡充に成果を上げた渋沢の次の仕事は財務担当だった。

一橋家の財政をいかに豊かにするかである。

渋沢が取り組んだのは米の販売だった。

これまで知行地で収穫した米は兵庫の蔵方に任せてきた。

いつも安く買いたたかれ、一橋家の財政は火の車だった。

「灘や西宮の酒造家に販売してはどうか」

渋沢の提言は極めて適切なものだった。

酒造家は喜んで買い入れてくれ、これで一割の収入増となった。

慶喜のおぼえもめでたく、この功績で御勘定組頭に昇進、食禄二十五石七人扶持、滞京手当、月額二十一両となり、御用談所出役も兼務した。

財務担当ナンバー2の大出世である。

また、渋沢は勘定所の組織改革にも乗り出した。

無用の人が多すぎた。勘定奉行が二人、勘定組頭が三人、そのほか平勘定、添勘定までいれると職員は百人も居た。無駄もいいところだった。

これでは人件費だけで赤字転落になってしまう。

渋沢は領内を歩き、財政の実態を調べ、改革を次々に指示した。

世の中の仕組みがどんどん変わる時代だった。武士は食わねど高楊枝《たかようじ》ではなく、いかに財政を向上させるかが、重要課題の時代に入っていた。

西郷隆盛

渋沢は自ら進んで薩摩の西郷隆盛をたずね、奄美大島時代、厳しい植民地支配の体制に文句をつけ、農民の味方になって代官を攻撃した話を聞いていた。

薩摩、長州というと端から毛嫌いする人が多かったが、渋沢は人を選んで、情報を得ていた。渋沢が時おり西郷を訪ね、意見を聞くのも西郷の言葉のはしはしに聞くべき何かがあったからだった。

島の特産品は砂糖だった。

薩摩藩は、年貢はすべて砂糖一斤を玄米三合六勺に換算する砂糖代納制をとっていた。島民の手元に残った砂糖も藩が強制的に買い上げ、密売する者は死刑とした。

西郷は農民の立場に立って、これを是正した。時代は徐々に変わり始めていたのである。

自信を得た渋沢は藩札の発行、領内の木綿の大坂での販売と手を広げ、会計事務を取り仕切り、利益も上げていった。

渋沢をねたむ者もいたが、慶喜が後押ししてくれ、渋沢は若くして重役一歩手前まで躍進した。

新選組

新選組とも付き合った。

新選組を無法者の集団にように思う人が多かったが、そうではなかった。

組長の近藤勇《こんどういさみ》は剛毅で、なかなかの人物だった。

単なる命知らずの暴虎《ぼうこ》馮河《ひょうが》ではなく、堂々としていた。

松平容保は近藤を信頼し、近藤もまた容保を支えたので、会津藩と新選組は、表裏一体の関係にあった。

副長の土方歳三《ひじかたとしぞう》は非常に物分かりのいい人で、

「渋沢さん、渋沢さん」

と立ててくれた。

この間に京都の情勢は一段と混迷の色を深めた。

京都守護職の会津藩は慶喜を補佐して、懸命に京都の治安維持にあたったが、長州藩の攘夷運動はテロを伴う常軌を逸するものだった。

尊王攘夷派のテロリストが強風の日に京都の町に火を放ち、その混乱に乗じて、松平容保を暗殺、孝明天皇を拉致して長州に革命政権を作るという途方もない計画の情報を、松平容保配下の新選組がキャッチ。

池田屋で謀議中のテロリストを襲って一網打尽《いちもうだじん》にした結果、双方の対立はその極に達していた。

池田屋事件の後、満身創痍《まんしんそうい》の新選組に会津藩から七人の藩士を応援に派遣した。その中に二十一歳の柴司《しばつかさ》がいた。

池田屋事件から四日たった六月十日のことである。

東山の茶屋明保野《あけぼの》亭に二十人の長州人が潜伏しているという情報が寄せられた。

「それッ」

とばかりに新選組から十五人、会津藩から五人の二十人が急行した。

一行は明保野亭を探索したが、異常はなかった。

ところが庭先を探索したところ突然、二階から二人の武士が庭に飛び降りた。

指揮官の武田観柳斎《たけだかんりゅうさい》が、

「討ち捨てよ」

と叫んだので、柴が一人を追い詰めた。

相手が抜刀して抵抗してきたので、咄嗟に槍で男を突いた。

ところがその男は、長州ではなく土佐藩の藩士とわかり、事は面倒なことになった。

土佐藩とは友好関係にあった会津藩は、柴を自決させることで、この事件の決着を図った。実に気の毒なことだった。

これでは会津藩士の士気が衰える。

土佐藩士にも非があるわけで、渋沢には合点のいかない処置だった。

宴会の日々

会津藩の奮闘のおかげで、京都守衛総督の慶喜の株も上がり、おかげで渋沢も大忙し。用人筆頭の黒川嘉兵衛《くろかわかへえ》のお供で、毎晩のように料亭に出かけた。

「今夜は筑前藩のご馳走」

「明晩は加賀藩の招待」

「明後日の晩は彦根藩」

といった具合である。

美女に囲まれての宴会である。

つい浮気をしてしまうのが、男の癖というものだが、渋沢は、

「自分は一度も女性にふれたことはなかった」

と自伝に記したが、後年、

「下半身の疼《うずき》は抑えきれなかった」

と正直に述べている渋沢である。美女と一夜を共にしたこともあったかもしれない。それはこの時代、特段、不思議なことでもなかった。

ここで頭をよぎるのは、会津藩の公用局の面々である。

諸藩の外交方との宴席も多かったと思われるのだが、会津藩の記録には、美女のお酌で友好を深めたという記録は見当たらない。

お堅い会津藩のことである。連夜の宴会はオフレコだったのかも知れない。

薩摩は穏健だったが、気になるのは長州藩である。

幕府は開国である。長州藩は極端な攘夷で、外国の艦船に砲撃を加えるなどひどいものがあった。

孝明天皇も極端な攘夷だったので、長州藩は御所を襲って孝明天皇を拉致し、攘夷を実行しようという狂乱に出た。

これには西郷もあきれ、長州が軍勢を率いて御所に迫れば、長州を征伐すべしと判断した。

公家の一部に長州を支援する動きもあり、それに意を強くした長州勢は実力行使に出た。それが禁門の変である。

元治《げんじ》元年（一八六四）七月十九日、会津、薩摩藩と長州藩との間で戦争が始まった。

「大筒、小筒の玉、飛乱すること雨のごとし」

という大戦争となり、会津藩の奮戦で旗色が悪くなった長州勢は、鷹司《たかつかさ》邸に逃げ込んだ。会津藩は逃すものかと、大砲を打ち込み、久坂玄瑞《くさかげんずい》は戦死、火は周囲に広がり、「どんどん焼け」と呼ばれる大火災となった。

この狂乱で長州藩は完全に朝敵となった。

第二章　幕末の熱風

豊かな農村

渋沢は天保十一年（一八四〇）二月十三日、利根河畔の武蔵国血洗島村《ちあらいじま》（現在の埼玉県深谷市《ふかや》）で孤々《ここ》の声を挙げた。

この血なまぐさい村名には幾多の伝説がある。古来、ここは古戦場で、切り落とされた武士の手が流れ着いた。その一人が八幡太郎義家（源義家）だったという。

真偽のほどは分からない。

もともとこの村は当時二万石の小大名安部《あんべ》摂津守《せっつのかみ》の所領で、中仙道深谷の在、利根河畔の五、六十戸ほどの農村だった。

江戸時代の農村といえば貧農のイメージがあり、水呑み百姓、土百姓などの言葉がまとわりつくが、渋沢の生家は豪農であった。

農耕と養蚕の兼業農家で、そのかたわら染料の藍玉《あいだま》製造と販売とを兼ね、荒物商や金融業も営んでいた。

渋沢は生まれながらにして産業経営者、いわば資本家の家系で育ったことになる。しかもこの村には渋沢姓を名乗る家が多く、その中心に渋沢栄一の家があった。

渋沢の祖父の代に家運がやや傾いたというが、同じ村の渋沢家一族から婿養子にきた市郎右衛門が非常な勤勉家で、農業はもちろん藍《あい》、蚕《かいこ》に励むほか、さらに荒物の販売も始め、本家の面目を取り戻した。

栄一の父・市郎右衛門は学問と武芸にも秀でた人物だった。幼少のころから学問にはげみ、四書、五経を読み、詩も作るという多彩な才能の持ち主だった。だから村方でも尊敬され、名主見習となり、領主より帯刀を許され、村の中心的人物だった。

農村というと領主の圧制によって食べるのがやっとと思われがちだが、地域によって大違いだった。

例えば出羽《でわ》国村山地方、現在の山形県の寒河江《さがえ》、天童《てんどう》など中央地帯は、和服や口紅の原料となる紅花《べにばな》の一大特産地で、それらは最上川《もがみがわ》の船運を使って酒田に運ばれ、北前船で敦賀《つるが》を経て、京都で染色用の紅に加工された。

紅花の収益で農民の生活が向上、紅花を扱う商人も増え、水飲み百姓というイメージは消えていた。

江戸時代の中期から日本の農村は、大きく変わり始めていた。

情愛深い両親

渋沢の母、栄《えい》は家付の娘で、慈愛に富み、慎み深い婦人であった。彼女の慈愛心については、いくつもの逸話が伝えられている。

幼い頃、寒い時に遊びに出た渋沢を羽織をもって追いかけ、着せようとした。

渋沢は幼いころから強情で、

「いやだ」

といって羽織を地べたへ放り出すのがいつもの癖だった。母親は、

「困った子だ」

といいながらなおも息子を追いかけた。

弟が夭折《ようせつ》したので、男子は一人ということもあり、個性が強く手間のかかる子供だった。

当時、教育はほとんど武士階級の独占のようなもので、一般の町人や百姓は教育らしい教育を授けられなかった。しかし例外はあった。

徳川の世はすでに二百五十年、町人にも農民のあいだにも好学の人がまれではなくなっていた。父も好学者の一人であった。

渋沢が六歳になると、父は自ら厳格に教育を施した。商人にも教養が大切というのが父親の考えだった。

一年余の間に孝経、小学、大学、中庸、論語と進んだ。

息子の真面目な学習に喜んだ父は、七歳になると家庭の教育のみに満足せず、隣村手計《てばか》村の教育者尾高惇忠の許へ通わせた。毎朝二時間ほどの日課であった。

惇忠は通称を新五郎といい、藍香《らんこう》と号した。渋沢の従兄に当たり、十歳ほど年長であった。

惇忠は志士的風格を備えた人物で、難しい本ではなく、興味を覚える本から読むのがい

いと教えた。

二宮尊徳

学問がいかに大事かは、枚挙にいとまない。

内村鑑三《うちむらかんぞう》は、西郷隆盛《さいごうたかもり》、上杉鷹山《うえすぎようざん》、中江《なかえ》藤樹《とうじゅ》、日蓮上人《にちれんしょうにん》、二宮尊徳《にのみやそんとく》の五人を代表的日本人にあげた。

尊徳も向学心に燃え、懸命に働いて孔子の『大学』を入手、仕事を終えた後に、むさぼるように読んだ。

尊徳は十四歳の時父親を、十六歳で母親を亡くし、弟二人を母の実家に預け、伯父の世話になっていた。伯父は、学問には全く興味を示さず、日夜働くことを金次郎に求めた。戦前、全国の小学校には金次郎の銅像があった。荷物を背負いながら本を読む姿である。

尊徳が後年、取り組んだのは飢餓《きが》からの救済である。尊徳が育った小田原藩は下野《しもつけ》に物井、横田、東沼の三村があった。ここは四百五十軒の農家があり、米四千俵をおさめていたが、住民が年々減り、かつての三分の一に減少、年貢は八百俵しか収めることができなくなった。

これらの村の立て直しを命ぜられた尊徳は村々をすべて歩き、農民と話し合い、土質、排水、灌漑等を調べ上げ、村の再建のために、十年間年貢を全面的に免除し、仁愛、勤勉、自助の精神で村を再建させる改革案を示した。

尊徳の発想の根源となったのは論語で学んだ孔子の教えだった。仁愛、勤勉、自助をモットーに根気よく、農民と話し合って意識の改革から始めた。

藩主がこれを認め、十年後には四千俵の収穫を得るようになった。

渋沢も著書『論語と算盤』で尊徳の発想を絶賛している。

尊徳と渋沢には孔子の教えという共通のベースがあった。

胴巻き

渋沢が商売の見習いを始めたのは十四歳の時である。

ペリーの来航した嘉永六年（一八五三）に当たる。日本が鎖国から開国に舵を切った時代である。

渋沢は父と一緒に信州、上州、秩父方面まで足を延ばし、藍の買い入れを学んだ。そのうちに胴巻きに金を巻き付け、一人で出かけるようになった。

藍の買い付けの合間に、開国を巡る様々な問題に触れることもできた。

幕府は嘉永七年（一八五四）三月に日米和親条約、同年八月に日英和親条約、安政元年（一八五五）十二月の日露和親条約、安政二年十二月には日蘭和親条約を結び、横浜を開港した。

それに関連して外国人による生糸や茶などの買い占めが巻き起こり物価が騰貴《とうき》し、下々の暮らしがいちじるしく脅かされた。

後年、渋沢は、

「貿易開始以来一か年間の輸出額は、生糸三千俵、茶一万五千箱、銅、蠟、油、その他あわせて諸港の貿易総額は百万ポンドを超過したれども、俄かに巨額の貨物を輸出したれば、国内の需要は忽ち不足、物価とみに騰貴し、ひたすら幕府と外人とを嫉視するに至れり」(『徳川慶喜公伝』)

と記述したが、こうした話を聞くたびに、何もできない百姓は馬鹿馬鹿しいと考えるようになっていた。

世間が騒がしくなるにつれて、薩摩や長州などの志士が地方を回り、時世を論じる集会も開かれるようになった。

渋沢は幕府の衰退を強く感じ、天皇を中心にすえる尊王攘夷論に共鳴するようになっていった。

尊王攘夷論は薩長の専売特許ではなかった。

関東の若い青年にも影響を与えていたのである。

代官の理不尽

江戸時代も後期に入ると、幕府も諸侯も財政がますます困窮し、しばしば住民にご用金を課した。

血洗島から一里ばかり離れた岡部村に陣屋があって代官がいた。

血洗島村では渋沢宗助、渋沢市郎右衛門の両家がいつも代官を通して領主に御用金を納めてきた。

渋沢がこれに気づく十六、七歳の頃までに、調達した金は二千両余りになっていた。

ご用金は「お姫様のお嫁入」、「若殿様のお乗り出し」、「ご先祖に法要」などの名目で集められ、渋沢が十七歳の時、またも村へ千五百両ほどの御用金の命令が下った。

宗助は千両を引き受け、渋沢の家でも五百両を引き受けなければならなくなった。大金である。

その時、父が所用のために、代官所へ出頭することができず、渋沢が父の名代として、代官所に出向いた。

「御用金の高は承りましたが、一応父に伝えて、改めて御受けに罷り出ます」

というと、代官は子供とみて、高飛車に出た。

「その方は何歳になるか」

「十七歳でござります」

「十七歳にもなっているなら、もう遊蕩《ゆうとう》もする年頃だ。してみれば、三百両や五百両は何でもないこと、御用を達せば、追々身柄もよくなり、世間にたいして面目も立つことになる。その方の身代で五百両ぐらいは何でもないはずだ。一たん帰ってまた来るなどということは承知せぬ」

とにらんだ。

渋沢は代官に叱責《しっせき》されても、頑張りとおして、陣屋を出た。

人一倍意地っ張りな渋沢である。

生れて初めて理不尽な嘲《あざけり》にあって、腹立たしさに、思わず拳《こぶし》を固く握りしめ、

「代官めが」

と怒りをあらわにした。

自分がこの先も百姓をしていると、智恵分別もない代官などに馬鹿にされなければならない。

「自分は百姓をやめて侍になる」

渋沢は決心した。

父が翌日金を持参して、ことは済んだが、収まらないのは渋沢だった。

渋沢は気が強く、理不尽なことには激しく、反発した。神のお告げとか、神様のバチが当たるなどの話は頭から否定した。

時世を論じる

この時代、世論は右に左に大きくゆれていた。

激動の震源地は御三家の水戸だった。

本来、水戸藩は幕府と一体であるはずなのだが、ペリー艦隊の圧力に屈して幕府が開国に踏み切ったことに猛反発、藤田《ふじた》東湖《とうこ》や会沢正志斎《あいざわせいしさい》らの論客が幕府を批判、これに輪をかけたのは藩主の徳川斉昭《なりあき》だった。

びしびしものを言い、幕府に注文をつける文字どおり天下の副将軍といわれた人物である。

趣味は読書で、斉昭の蔵書は歴史、朝廷、古文書、国文学、漢文学、天文地理、技芸、見聞、仏教など十一部門、冊数は一万四千冊にものぼっていた。

夷荻《いてき》撃退法も編み出した。本人は大真面目なのだが、はたからみると「なんとばかげたことを」と思えるものばかりだった。

斉昭が夷荻討伐のために作らせた大砲はドガンと打つと丸い弾丸が放物線を描いて目の前の海にボチャンと落ち、見物客の失笑を招く代物だった。

はた迷惑だったのは領内の寺院である。

鐘を供出させられ、領民は時刻を知るすべを失った。

それではと考えたペリー艦隊の撃退法は、小舟に薪を積んで黒船に近づき火を放つとか、艦隊で宴会を開き、さんざん飲ませ、酔ったところで斬りまくるという、これまた話にならない黒船退治だった。

井伊大老があきれ返るのも、むべなるかなだった。

その大老を水戸藩が暗殺し、幕府は混迷その極に達し、瓦解《がかい》の道を歩むことになる。

物価の騰貴で、下級武士は窮乏のどん底につき落とされるが、彼らだけではなく、外国貿易により利益をうけた一部商人以外はこと如く窮乏に陥り、幕府に対する不満は高まる一方だった。

薩摩や長州などの志士は幕府を糾弾し、尊王攘夷を強く訴えた。天皇を抱いて攘夷を実行せんという過激な論法だった。

代官との一件以来、渋沢も心中は反幕府である。

尊王攘夷に共感を覚えた。

憤慨憂世

渋沢の師匠尾高惇忠も悲憤慷慨《ひふんこうがい》の一人だった。

その惇忠の弟・長七郎は、年ごろは渋沢よりも二つ年長。大柄で腕力も強く、剣道の有段者で、江戸で修業中の身だった。

長七郎も、おりおり江戸から友人を伴い帰郷し、しきりに幕府をなじり、憤慨憂世《ふんがいゆうせい》の議論をした。

「渋沢君、君も江戸にきたまえ」

誘いを受けた渋沢は、大きく心をゆさぶられた。渋沢十九歳の早春である。

おりしも桜田門外で井伊大老が暗殺される大事件が起こった。

もう家業に励んでいるわけにはゆかない。

ついに文久元年（一八六一）、長七郎を頼って、自分も江戸へ出たいと父に嘆願した。

しかし、父に厳重に戒《いさ》められたので、父の心中を察して、この時は江戸行きをあきらめざるを得なかった。

文久三年春、渋沢は再び父を説得して、四か月ほど江戸に滞留することができた。

この時代の大義名分は尊王攘夷である。

異人を日本に入れるなと闇雲に主張する狂信的な主張である。

幕府の苦労など見向きもせず、異人と手を結ぶ幕府を倒し、天皇を中心とした新たな日本を作るという、きわめて単純な発想だった。

時の天皇は孝明《こうめい》帝である。

孝明天皇もまた「神国日本に夷荻を入れてはならぬ」という単純極まりない発想の持ち主だった。

倒幕をもくろむ長州勢にとっては、これほどありがたい話はない。

これに長七郎も感化され、旗揚げを計画したのだった。

首謀者は尾高惇忠と、従兄の渋沢喜作と渋沢の三人である。

横浜を焼討ちして、外国人と見たら片っ端から斬り殺すという横浜襲撃の計画を練り上げた。

一種の熱病であった。

計画では同志六十二人を募り、まず高崎城を乗っ取り、兵備を整えた上で、高崎から兵をくり出して、鎌倉街道を通って横浜を襲撃するというものだった。

鉄砲は用意出来ないので、槍と刀とを用いる等の手筈を定めた。

渋沢は藍商売をした勘定の中から父に隠して金をため、刀剣のほか、剣術の稽古着のような着込みや提灯等の用具をも買い集めた。

同志は六十人を超え、早い時節がよいというので、その年の十一月二十三日と決定した。

渋沢は九月十三日、地元での観月の祝いに、それとなく父に高崎城襲撃決行を打ち明けた。

父はまじまじと渋沢を見つめ、

「とんでもない」

と戒めた。

「それは大きな心得違いだ。根が百姓に生れたのだから、どこまでもその本分を守って、百姓に安んじるがよいのだ。それもまた国に尽す一つの途というものだ」

「しかし、もう決めたことです」

渋沢は一歩も引かない。

父はしばらく無言だった。

なんでも自分の意志を貫く息子である。

父は止めても無駄だと考え、

「おれとお前とは種類の違った人間だ。この上は各々好むところにしたがってことをする方が潔いというものだ」

と、渋沢に勘当を伝えた。

これは父の暗黙の了解だった。

熱風

なにせ日本全体が異常な興奮に包まれていた。特に長州藩は藩を上げて尊王攘夷に走った。

各地の志士、浪人はこぞって長州藩の傘下に集まり、三条実美《さんじょうさねとみ》、姉小路公知《あねがこうじきんとも》らの公卿もこれに加わり、幕府はますます窮地に追い込まれた。

会津藩主松平容保《まつだいらかたもり》が京都守護職に選ばれ、藩兵一千人を率いて上洛したのもこの時期である。

薩摩は長州のやり方に疑問を感じ、会津と手を組んで長州を京都から追放する動きに出るなど、熱風の渦はさまざまな形をなして全国に広がった。

一橋慶喜も京都守衛総督に任じられ、倒幕を阻止せんと長州とにらみ合っていた。難題は孝明天皇である。

長州藩に担ぎ上げられ加茂《かも》の神社に行幸し攘夷を祈る事態になり、もう尊王攘夷の熱風は日本列島を覆い、猫も杓子《しゃくし》も尊王攘夷の渦に巻き込まれた。

父はそのことを心配していた。息子を止める手立てはなかった。

渋沢は江戸に出て、尾高惇忠、渋沢喜作らと日夜、攘夷実行に密儀を凝らした。

このころ京都に出ていた仲間の尾高長七郎が戻ってきて、高崎城襲撃は無謀だといいはじめた。

幕府にはおかしな風評を聞くと、すぐに取り締まりに乗り出す「関八州取締」という組織があり、狙われたら殺されるというのだった。

「幕府を甘く見るな。大和五条の天誅組の蜂起もみじめな失敗に終わった。我々も監視されている。襲撃は駄目だ」

長七郎はうなだれた。

幕府の捜索網に探知され、官憲の手が伸びたとあっては即刻、中止である。

しばらくは身を隠して行方をくらますしかない。

「京都に出るのがよかろう」

という事になり、喜作と一緒に京都に向かうことにした。

父にそのことを伝えると百両を送ってきてくれた。大金である。

渋沢はいつもながらやさしい父に感謝し、郷里の方向に向かって深々と頭を下げた。

涙が出る思いだった。

このとき渋沢は二十四歳、結婚もしていて長女歌子《うたこ》が生まれていた。

先を読む

渋沢は万事、先を読むことが得意だった。

そのころ百姓町民は、人間以下の取り扱いを受け、歯牙《しが》にもかけられぬありさまだった。

武士になれば、こうした扱いから脱却できると考えるようになった。

先が見える渋沢である。

何はともあれ一橋家に接近を図り、百姓ではなく武士の身分を確保したいと考えた。

渋沢の故郷は御三卿の一橋家の領地である。

御三卿とは江戸時代中期に徳川氏の一族から分立した大名家で、田安《たやす》徳川家、一橋徳川家、清水《しみず》徳川家があった。

一橋家の当主は水戸から入った一橋慶喜《よしのぶ》である。将来、将軍の声もある幕府の有望株だった。

慶喜の目にかなえば、ひとかどの侍になれる。百姓はやめて武士になりたいと思っていた渋沢は江戸遊学の折より交際のあった一橋家の用人、平岡円四郎に政局の動向を聞いていた。

平岡円四郎

平岡円四郎は、まれにみる英才であった。

もともと幕臣で、川路聖謨《かわじとしあきら》や、藤田東湖、橋本左内《さない》らと親交があり、慶喜に側近として一目置かれていた人物だった。

書生を愛し、談論風発、渋沢は平岡の好みのタイプだったので、いつでも会ってくれた。

当時の京都には志士気取りの浪人が全国から押し寄せていた。

京都に着いた渋沢はすぐ平岡を訪ね、いきさつを述べた。

「高崎城襲撃だと、そんなことが出来ると思っているのか」

平岡は、あきれた表情で渋沢をみつめた。

「攘夷などとんでもない。開国しか選択の余地はないのだ」

と平岡に説教され、

「心を入れ替えます」

と頭を下げた。

渋沢は「ああだこうだ」と理屈をこねるよりも即行動のタイプだった。

失敗したときは、浅はかな計画だったと反省した。

後年、渋沢は『論語と算盤』（国書刊行会）のなかで孔子《こうし》の教えを人生の指針としたと記述した。


「中国は国も古いし孔子、孟子《もうし》のごとき聖人賢者を出している。孔子の言行を書いた論語が士魂養成の根底になるものである。商才も元々は、道徳を根底としたものである。道徳を離れた不道徳、欺瞞《ぎまん》、浮華《ふか》、軽佻《けいちょう》の商才は小才子《こさいし》、小利口《こりこう》であって決して真の商才ではない。私は論語を処世の金科玉条《きんかぎょくじょう》として常に坐右から離したことはない」

高崎城襲撃も軽薄《けいはく》な行為の最たるものだった。

第三章　将軍徳川慶喜の誕生

終わらない討幕運動

元治元年（一八六四）、孝明天皇は長州が御所に攻め込んだ蛤御門《はまぐりごもん》（禁門の変）の罪を問い、幕府に長州藩の追討を命じた。

総督の尾張藩主徳川慶勝《よしかつ》は何事も穏便を旨とする人物で、西郷隆盛を岩国に派遣して調整に当たらせ、長州藩の三家老の切腹で、決着させた。

これで一件落着と思いきや、その後、高杉晋作《たかすぎしんさく》が登場して、幕府との決戦を叫び、戦争巧者の大村益次郎《おおむらますじろう》とともに石州口、小倉口で幕府軍を惨敗に追い込んだ。

将軍家茂《いえもち》が自ら兵を率い大坂城にはいり、督戦に努めたが、家茂が急死する事件が起こり幕府は休戦に追い込まれた。

「何たることや」

渋沢は気が気でなかった。

将軍の急死は、一橋家にとって重大極まることだった。

慶喜は次期将軍と目される人物である。

「ここは西郷の意見が大事だ」

渋沢は西郷に会って率直な意見を聞いた。

この辺のぬかりのなさは渋沢の天才的な感覚といえるものだった。

西郷はなんといったか。

「討幕運動はさらに広がる」

　と次にように語った。

「次期将軍は一橋公であろう。従来は幕府に相当の将軍がいなかった。英明なる一橋公ならば諸藩も朝廷も歓迎いたすであろうが、一橋公は水戸の出身である。従来幕府にはそれぞれの役人がいて、水戸とは諸事、衝突する。

しかる時はいかに将軍は賢明であっても直ちに善政を施くことはむずかしい。今の老中制度では、外国関係を適当に処理して国体を保つことはむずかしい。

　さればとて、公卿や勤王家に国政を委ねることもできぬ。とにかくその制度を改造して新進の士を挙げ、もって政治に参与させるがよいけれども、それは容易に行われまいから、まず賢明なる大名、すなわち一橋、薩摩、長州、土佐、肥前らの数家を挙げて幕政の議定にあずからしめ、新進の士これに参与して諸政を一新するようにするのが、目下の急務であろう」

　なんと大胆、かつ率直な意見か。

　渋沢は西郷の慧眼《けいがん》に改めて驚いた。

　長州は相変わらず頑強に倒幕を主張しており、これに、薩摩が加われば、強力な反幕府勢力が誕生してしまう。

　渋沢は一橋家に危機が迫っていると判断した。かくて渋沢は将軍職相続反対の結論に達し、他の親藩から幼少の人を選んで宗家を継がせ、慶喜はいつまでも補佐の任地に立つのが得策であると考えた。

この時、一橋家では、黒川嘉兵衛《くろかわかへえ》が老齢になり、原市之進《はらいちのしん》が用人の筆頭となっていた。原は水戸出身で藤田東湖の高弟で、水戸の弘道館の教頭を勤めたこともあり、人材としての令名が高かった。

渋沢は原とも親交があったから、相続問題について慶喜に直接、意見を述べようと考えたことを告げた。原がいいだろうということになり、慶喜に謁して進言するつもりであったが、それより早く慶喜は、老中板倉勝静《いたくらかつきよ》や大目付永井尚志《ながいなおむね》らの懇請を容れ、将軍職を受諾してしまった。

普通、一橋家に仕官すれば、反薩長で凝り固まるのだが、渋沢は冷静だった。もともと渋沢の信条は反幕府だった。

一橋の家来となり、努力を重ねてきたが、旗本は無気力で動かず、薩長の反幕府運動は、日に日に強まる中で、幕府の前途は危ういと感ぜざるを得なかった。渋沢はもはや一橋家に前途はないと失望した。

慶喜の心境

慶喜の心中はどのようなものだったのか。

徳川家を継ぐことには異論はなく、父親の斉昭の意向もあって、これは慶喜も納得していた。ただ徳川幕府をまとめる将軍については、就任の意向は示さなかった。

渋沢だけではない。一橋家には反対の声も多かった。

もともと慶喜は、本気で長州と事を構える気がなかった。薩摩が幕府から手を引き、長州と接近していることも関係していた。しかし、ここに来て無視できないのは会津藩の意向だった。

この時期、会津藩公用局は手代木《てしろぎ》直右衛門《すぐえもん》らタカ派が台頭、慶喜を先頭に長州征伐を強く主張しており、次期将軍は慶喜をおいてほかにないという意見だった。

会津藩公用局は薩摩との関係を重視してきたが、昨今、薩摩との同盟を築き上げた秋月《あきづき》悌次郎《ていじろう》、広沢富次郎《ひろさわとみじろう》らが主流から外され、秋月は蝦夷地に飛ばされ、広沢も外部との接触を制限される始末で、柔軟性を欠いていた。

薩摩が長州に接近すると、会津は一層、反薩長となり、会津藩に極めて困難な仕事をさせておいて、自分は逃げるとは何事か、会津藩内に慶喜に対する不満が充満していた。

将軍家茂の後継者は慶喜以外にないと幕閣に働きかけ、慶喜を追い詰めた。

将軍の候補者には、田安家の当主亀之助、尾張藩主徳川義宜《よしのり》、紀州藩主松平茂承《もちつぐ》らもあがっていたが、帯に短し、襷《たすき》に長しであった。

「ここは慶喜しかいない」

世間の声も慶喜に集中していた。

英国商人

幕末の日本は、外国との関係を抜きにしては論じられない時代に入っていた。日本の開国にともなって最初に進出したのは「英一番館」と呼ばれた英国のジャーディン・マセソン商会だった。

同商会は長崎、兵庫、大坂、箱館に代理店を置き、欧米向けの生糸や茶などを輸出し、欧米から綿織物、毛織物などの輸入販売を始めた。それ以上に輸入が増えたのは、武器弾薬、艦船などの軍事物資だった。

武器類は原則として幕府以外の諸藩や商人への販売は禁止されていたが、実際にはこうした規定は守られず、大量の武器軍需品の取引がおこなわれた。

武器、弾薬類の輸入は慶応元年（一八六五）以降、急激に増加し、慶応三年までの総輸入額は九〇四万ドルに達していた。

輸入武器の中心は小銃で、イギリス領事の報告分だけでも、長崎で一七万二〇〇〇挺、横浜で三二万八六〇〇挺（価額四四七万ドル）、合計約五〇万挺、価額にして約六八八万ドルにのぼる小銃が輸入されていた。

特筆されるのはスコットランドから長崎にやってきたトマス・グラバー商会である。

長崎は、いうまでもなく薩摩、長州、佐賀、土佐など西南雄藩にとって重要な武器や弾薬の調達市場となり、武器・弾薬類はピーク時の一八六六、六七年には、長崎の貿易額の二〇～三〇%をしめていた。

輸入された小銃では、ミニエー銃、エンフィールド銃など先御込施条銃が中心だったが、スペンサー銃やスナイダー銃など後装施条銃も輸入されていた。

長州藩は朝敵だったので武器の輸入は禁止されていたが、土佐の坂本竜馬《さかもとりょうま》や中岡慎太郎《なかおかしんたろう》らの仲介によって、薩摩藩と長州藩との協調体制はでき、薩摩経由でミニエー銃四三〇〇挺、ゲベール銃三〇〇〇挺の武器弾薬が輸入され、兵の近代化が進んでいた。最新式のアームストロング砲も幕府だけではなく、薩長にも導入された。

「軍事力は幕府を上回りもうそう」

西郷はこともなげに言い、渋沢は息が詰まった。

艦船も取引された。

グラバーが本格的に艦船の売却にのりだすのは、元治元年（一八六四）十月にジャーディン・マセソン商会から委託されて、鉄製蒸気スクリュー船カーセッジ号を、幕府を通じて一二万ドルで佐賀藩に売却してからである。

グラバーはこの五年間に二十四隻、価額にして一六八万ドルの艦船を売却している。

取引先は薩摩藩が六隻でもっとも多く、ついで熊本藩四隻、幕府、佐賀藩、長州藩各三隻となっていた。かくして西南諸藩の軍事力は幕府をはるかに上回っていた。

艦船の販売は、ほかの商品に比較して取引額も大きく、かつ利潤も大きいだけに、欧米の外国商会にとっては魅力的なビジネスであった。

たとえば、グラバーが佐賀藩に売却したカーセッジ号の販売価格は一二万ドル、原価は四万ドルで、この取引でジャーディン・マセソン商会は五万八〇〇〇ドルの純益をあげていた。

支払いは分割払いが多かった。薩摩藩がグラバーからキャンズー号（春日丸）を購入したときは、交渉によってまず半額を支払い、のこりの半額は御用商人浜崎太平次に相談して承諾を得て、後日支払いだった。なかには米や特産物で支払うという方法もあった。

こうした話を聞き、渋沢は槍と火縄銃の幕府は薩長に勝てないと判断するに至ったが、さりとて慶喜に直言する機会も失われ、直言してみたところで、将軍職を受諾した以上、どうにもならないだろう。

一橋家を離れ、商人に転じるしか道はなかろうと、渋沢は日々、悶々と悩み続けた。

しかし、もう賽《さい》は投げられたのだ。

慶喜に採用された身である。やれるだけやるしかない。それが渋沢の心境だった。

ある日のことである。

「お前を幕臣に採用する」

と原市之進から告げられた渋沢は、全身に震えを覚えた。

漫然と勤めていても早晩、幕府はつぶれると思っていたので、心中は複雑だった。

原から告げられた役職は陸軍奉行支配調役である。きわめて重い役職だった。

一橋家を立ち去る時には丁寧に事務の引き継ぎをし、住まいを大坂の旅館に移したが、なにもやることはない。書を読み、国事をあれこれ考える日々だった。

やがて慶喜は京都に上ることとなったので、渋沢も京都へ出て、毎日陸軍奉行の詰所に出勤した。

同役が十四、五人いて、そのうえに組頭が一人いた。組頭は森新十郎という人で、渋沢に言わせれば軟弱な人物だった。

そのうちに、はからずも一つの事件に遭遇した。

その頃、大沢源次郎という御書院番士に国事犯の嫌疑があるというので、京都町奉行から陸軍奉行へ掛合いになった。

調べてみると、大沢には多くの共謀者がいて、銃砲の用意まであるというので、陸軍奉行の役所でも軽々しく手をつけることができない。

大沢召捕りのために新選組を頼むこととなったが、組頭の森はもとよりやりたくない。

「おまえが行け」

と、新選組の付き添いを命じられた。

仕事がなかっただけに、

「わかりました」

と渋沢は二つ返事で直ちに京都町奉行の役宅へ行き、それから新選組の屯所に出向き、近藤勇に会った。

泣く子も黙る新選組である。

近藤は数人の隊員を連れ、直接、出向いてくれた。

大沢は、北野近辺の家をねぐらにしているというので、大沢の動静を調べたところ、大沢はその辺の寺に止宿していることが分かった。

今は他出中だが、ほどなく帰宅するとのことであった。間もなく探偵係が大沢の帰宅を知らせて来たので、新選組の壮士らは、

「われわれが捕縛するから、それから使命を伝えられよ」

と立ちあがった。しかしそれでは上意を伝えて捕縛するという栄一の役目を果たすことはできない。

「私もまいります」

と渋沢も寺へいき、警固の武士を門前に待たせ近藤と共に寺へ入り、奉行からの命を伝え、両刀を取り上げて直ちに捕縛させた。

いささか足が震えたが、なにせ天下の近藤勇と一緒である。大沢も観念したと見え、抵

抗はしなかった。

渋沢は源次郎を新選組の手から町奉行所へ引き渡し、その夜、陸軍奉行の旅宿に復命した。

奉行は渋沢の復命を寝ずに待っていたが、捕縛の一部始終を聞いて大いに喜び、羅紗《ラシャ》の羽織を当座の褒美として与えてくれた。

これを除けば、当時の境遇は決して満足なものではなく、失望煩悶《はんもん》の日が続いた。

今後数年の間には徳川幕府は間違いなく潰れる。西郷さんの天下になるだろう。

迂闊にこのまま幕臣として留まっていても、別に用いられもせずに、ついには亡国の臣となるほかはない。

渋沢は領民が幕府に飽き飽きしていることも肌で感じていた。それが捨て文である。

名もなき人々の声

名もなき人々も声を上げ始めたのである。

幕府の役所や主だった役人の屋敷前などにひそかに訴状を置くもので、段々エスカレートして、門などにはりつけるようになってきた。

これを人々は〝すてぶみ〟と呼んだ。

このままでは、日本は「夷人の有」に帰してしまうという危機感を訴えるもの、薩長の横暴を戒め「仁政《じんせい》」を施すべきだと訴えるもの、いろいろあった。

これは恐ろしいことだった。

幕府に対する庶民の反乱だった。

さらに驚くのは、東海道筋、名古屋、そして京・大坂へ広がった「ええじゃないか」の乱舞である。

空から伊勢神宮のお札が降ったということをきっかけに、人々は緋縮緬《ひぢりめん》の着物や青や紫のそれに身をつつみ、女装の男、男装の女たちが入りまじり、太鼓や笛、三味線などをうち鳴らし、

「エイジャナイカ、エイジャナイカ。クサイモノニ紙ヲハレ。ヤブレタラ、マタハレ。エイジャナイカ、エイジャーナイカ」

「日本国のよなおり（世直り）はエイジャナイカ」

「ほうねんおどり（豊年踊り）はお目出たい。おかげまいりすりやエイヂャナイカ」、

「はあ、エイジャナイカ」

と踊りまくった。

彼らは日ごろ不満をもった地主や商人家々に集団で踊りこみ、

「こいつくれてもエイエヂャナイカ」

「そいつあげてもエイヂャナイカ」

「持って去ってもエイヂャナイカ」

「着ものぬいでもエイヂャナイカ」

「あたまはつてもエイヂャナイカ」

「まをとこ（間男）してもエイヂャナイカ」

と、卑猥《ひわい》な歌詞をまじえて、お祭り騒ぎのなかで強奪と破壊と淫乱をほしいままにしていた。

「末世《まっせ》だ」

渋沢は、幕府が急激に朽ち果てていくのを一層強く感じた。

ロッシュの提言

このころ慶喜は何をしていたのだろうか。

渋沢の末世論などどこ吹く風、慶喜は遅ればせながら薩長打倒に燃えていた。

慶喜を後押ししたのは駐日フランス公使、レオン・ロッシュである。

ロッシュはグルノーブルの資産家の息子に生まれ、大学で法律を学んだが、中途退学して、父親が商売をしいるアルジェリアに渡り、そこでアラビア語をマスターした。

そのアラビア語が買われて外交官になり、イタリアのトリエステ総領事を八年勤め駐日公使に選ばれた人物だった。

当時のフランスは、ナポレオン三世の全盛時代である。世界制覇をもくろんでいた時代である。

ロッシュは日本に問題点を鋭く指摘した。

日本は財政をもたない、貨幣制度もはなはだ不完全であると述べた。そして富をもたらすものは貿易だと慶喜に説いた。

慶喜はこれに乗った。

勘定奉行小栗忠順《おぐりただまさ》、目付栗本鋤雲《くりもとじょうん》、外国奉行山口直毅《やまぐちなおたけ》らに命じ、横須賀造船所の建設、フランス軍事顧問団の招聘、仏語伝習所の開設と目覚ましい事業を展開した。

また軍艦二隻、大砲九十門、シャスポー銃一万挺を含む小銃二万五〇〇〇挺、それに歩兵、砲兵、騎兵の装備約三万人分をフランスに発注した。

薩長と手を結ぶイギリスにひと泡吹かせんとした。

幕府、フランスに傾斜

イギリスが薩長を支援し、軍備の拡大を進める中で、幕府はフランスに協力を求め産業や軍備の近代化を進めていた。

尊王攘夷はどこかに消え、幕府・会津対薩長の争いになっていた。

幕府の政策は具体的には横須賀製鉄所（造船所）の建設、軍艦・大小砲等武器の購入、近代式軍隊育成のための軍事顧問団の招聘、軍隊幹部養成のための横浜仏語伝習所の開設などである。

横須賀製鉄所は、元治元年幕府からロッシュに援助を要請し、海軍技師が来日し慶応元年（一八六五）九月、総工費二四〇万ドル、工期四カ年の予定で着工された。

軍需品の注文は、元治元年末の鋼製旋条カノン砲十六門（艦載砲）の注文を手はじめに、次々と軍艦・大砲等を発注したが、逐次到着する武器の値段が従来商人から購入したものと比べて格段に安価で、幕府を喜ばせた。

軍事顧問団の招碑は、同年十二月ロッシュと協議し、参謀大尉シャノワンを長とする将校四名、下士官十名のいわゆる第一次軍事顧問団が、慶応二年十二月八日、横浜に到着した。

横浜仏語伝習所は、フランス語を解する日本人幹部を至急養成する必要から、横浜に設けた学校だった。校長にはメルメ・カション、川勝近江守が事務を統括し、小栗忠順と栗本鋤雲らが協力して、慶応元年春に開校した。

生徒は十四歳から二十歳代までの青年四、五十名を全寮制にして収容し、一期六か月として、初級・中級・上級と一カ年半で教育する外国語学校である。

慶応二年六月には、経済使節として、フランス帝国郵船会社重役のクーレが来日し、勘定奉行小栗忠順との間で、六〇〇万ドルの借款契約が成立した。

渋沢は遠くからこれを見ていた。勘のするどい渋沢である。狙いはいいが、危ない橋だと見ていた。

なぜなら薩長はイギリスである。イギリスは黙っていないということだった。しかもイギリスはヨーロッパの名門である。フランスとイギリス、どちらが強いかとなればイギリスであろう。その辺が気になった。

後でわかったことだが、幕府の中で、薩長を正当に評価していたのは意外にも慶喜だった。慶喜は、薩長のことをよく知っており、西郷のことも脳裡《のうり》に入っていた。

「幕臣には見当たらない人物だ」

と評価しており、長州との戦争も深入りすることを避けていた。

日々、京都で薩長を相手に苦労しているのは会津藩である。

長州征伐に消極的な慶喜に反発し、松平容保が、

「兵を率いて、長州に乗り込む」

と直言したときも慶喜は、

「京都の守衛が手薄になる」

と容保の進言を取り上げなかった。

以後、会津藩と慶喜の関係に亀裂が入るが、客観的に見れば慶喜の判断の方が、正しかった。

ただしロッシュの提言により発足した慶喜政権の閣僚は、旧態依然《きゅうたいいぜん》たるものだった。慶喜は慶喜なりに逆転劇を考えていた。フランスとの提携による幕府の近代化である。

この時期、慶喜はフランスに夢中で、渋沢の出番はないに等しかった。渋沢の話など聞いてくれる人はいない。寂しいものだった。

幕府を分析するに、あちこち傷だらけで、いつ沈むかもわからない。まさかとは思うが、転覆したら終わりである。

まだ死にたくはない。

「薩長に押しまくられ、難破して亡国の臣になるのも愚かな話だ」

かくて渋沢は浪人になってもう一度、世間を見つめる決心をした。

薩長がイギリスなら、こちらはフランス。

慶喜は、フランスにすべてをかけていた。

その折、パリで開かれる世界万国博覧会のニュースが飛び込んできた。我が国にも出展の要請があった。

「よし、これに参加しよう」

決めたのは慶喜だった。

慶喜の考えは壮大だった。日本を大いに売り込もう。日本文化の粋を集めて出展し、日本を認識してもらう。もう一つは自分の弟の昭武を名代として派遣、ナポレオン皇帝に挨挙させ、そのまま弟をフランスにとどめ、世界を勉強させることにしたのである。

次の日本国への布石だった。

閣僚刷新

ロッシュの提言を踏まえて慶喜は閣僚の大幅な刷新をはかった。

首席老中板倉勝静《いたくらかつきよ》を首相格に、海軍総裁には老中格稲葉正巳《いなばまさみ》、陸軍総裁は老中格松平《まつだいら》乗謨《のりかた》が並び、さらには国内事務総裁に稲葉正邦《いなばまさくに》、会計総裁に松平康直《まつだいらやすなお》、小笠原長行《おがさわらながみち》が外国事務総裁というように職務に名称は立派だが、本人に能力があるわけではなかった。

薩長の首脳部は、下級士族が主流だが、幕府は大名クラスの高位高官であり、額に汗して奮励努力するわけではない。

渋沢のように叩きあげて、しかるべきポジションを獲得した者から見ると、このお歴々が顔を並べたところで、どうなるものでもあるまいという思いがあった。

ロッシュもそのことは百も承知で、官僚機構の整備を挙げ、全体の当事者は大君の代理者たる大老を首班とする六人の老中（閣僚）で構成し、外務大臣、内務大臣、陸軍大臣、海軍大臣、財政商農土木大臣、司法教育宗教大臣に就任する。

その下に省を設け、各省には老中一人・若年寄二人を置き、若年寄は、大名に限らず、旗本の人材をも登用すべきことを勧めた。

譜代大名の兵を江戸に招致して、将軍の陸軍と同株に訓練し、装備・兵器を漸次統一すべきことも説いた。

プランナーは小栗忠順で、最終目標は諸藩をつぶし、郡県制度を敷き、将軍慶喜が新制統一国家の元首になるという抜本的構想だった。

慶喜はロッシュや小栗の甘い言葉にのり、自らフランスの軍服を身に着け、写真を撮らせたが、渋沢には合点が行かない光景だった。

幕府の改革はいたるところで破綻した。幕臣の多くは改革を望まず、拒否反応を示した。たとえば軍隊である。

フランスの教官によって訓練され、フランス製の武器によって装備されたが一向に士気は上がらなかった。

その原因は旗本にあった。

「鉄砲など足軽が持つもの、武士は刀である」

とそっぽを向いたのだ。

上司が目を離すと訓練は即中止だった。この話を聞き、渋沢は、

「慶喜公は危うい。いずれ足をすくわれる」

と幕府を危惧する日々だった。

中には意欲的な人物もいた。

たとえば陸軍の大鳥圭介である。

播州赤穂《ばんしゅうあこう》の医者の家に生まれた大鳥は、大坂に出て緒方洪庵《おがたこうあん》の適塾で蘭学を収めた。さらに江戸に出て、蘭学者坪井忠益《つぼいちゅうえき》の塾で学んだが、そこで兵書に親しみ、軍事学に興味を覚えた。

慶応二年、幕府直参に取り立てられ、開成所教授となり、勘定奉行小栗忠順の世話で、横浜太田陣屋で行われたフランス士官による操練の伝習を受けた。

それから小川町伝習隊隊長、大手前大隊隊長を経て慶応三年五月以来、歩兵指図役頭取、歩兵頭並みと進み、この年の暮れには歩兵頭に昇進した。

大鳥のような人物を各界各層に広げることが急務だった。

意外な話

ある日、原市之進に呼ばれた渋沢は、

「なにか」

と市之進を見つめた。

「うむ」

市之進はあくまで思わせぶりである。

「昭武《あきたけ》公の供として、そちをフランスに派遣する。殿が決められた」

渋沢はまじまじと市之進を見つめた。夢ではないかと思った。

自分の出番はもうないと思っていただけに、信じられないことだった。胸が激しく波打った。

「それで私は何を」

「うむ、フランスでの諸経費の管理だ。お前にしかできぬ」

と、原が言った。

慶喜は自分を買っていてくれたのだ。

渋沢の目から涙があふれた。

「フランスには、どのぐらい滞在するのですか」

「最低、三年であろうな」

「えっ、三年ですか」

渋沢は大変なことになったと、はじめて仰天した。

「あるいは五年かもしれない」

市之進がつけ加えた。

その間に幕府はつぶれてしまうだろう。その時はいかがすればよいのか。渋沢は驚きと恐怖で、胸がつぶれんばかりだった。しかし渋沢の頭脳はすぐに正常に動いた。

これもお国のためだ、西郷さんに相談すれば道もあるだろうと思った。

度胸でフランスに渡る。こんな機会はめったにない。自分はなんと幸運なのかと思った。

渋沢は一時期、熱烈な攘夷論者であった。

武力蜂起も画策した。しかし一橋家に入って以来、考えは変わった。外国との交流を抜きにして日本の未来はないと考えるようになった。

長州の攘夷論者に比べると、渋沢ははるかに幅があった。こうなったら五年でも七年でも構うものか、渋沢はひらきなおった。フランス国で学んだことは、いずれ日本の役に立つ。そう思うと、胸が躍った。

昭武は水戸藩の人間である。水戸藩の注文で、付け人は七人だという。どう転んでもその七人は洋学などを志す人ではなく、昔日の如く外国人を夷荻禽獣《いてききんじゅう》と思っている頑固な人々なので、果たしてうまくゆくのかまるでおぼつかないが、かくなる上は全力を尽くして職務に当たると渋沢は決心した。

全体の統率は幕臣の山高石見守で、使節団は総勢二十人以上になるという。

「わかりました、お引き受けします」

顔を紅潮させて答えた。

さていよいよ外国へ往くと決した以上は、外国の言葉を覚え、外国の書物が読めるようにならなければいけないと思った。

何せ将軍の弟君の付け人である。それなりの待遇は受けるであろう。フランス語もべらべらしゃべれるようになるだろう。

帰国した暁には、幕府の外国奉行も夢ではない。

渋沢は飛び跳ねたい心境だった。

「ありがたいことだ」

と慶喜の思いやりに涙した。

人は逃げの慶喜と揶揄《やゆ》したが、決める時は大胆に決める人物だった。その振幅が大きすぎるので、誤解を受けやすい一面を持っていた。

ともあれ洋行するとなると、準備が大変である。取り急ぎ黒羽二重の小袖羽織と、緞子《どんす》の義経袴一着と、今日見るとどんな貧乏人でもはかない様な靴を買って、それから以前、友人が、横浜で買って来たホテルの給仕が着たと思う燕尾服《えんびふく》一枚、ただし股引もチョッキも無いのを譲り受けた。

それから京都の借家の始末をして、衣類道具等の片付けも大抵終わった。

徳川幕府の前途は厳しい。亡国の臣となることは覚悟をしなければならない。

その時はその時のことだ。

どのような場合でも、亡国の臣たることを甘んずるより外はないが、末路に関して恥かしからぬ挙動をして、死ぬべき時には死恥を残さぬようにしたいものだと渋沢は思った。

第四章　パリ万国博覧会へ

仰天の日々

一行が横浜から日本を発ったのは、慶応三年（一八六七）一月十一日である。幕府高官がずらりと並び、フランス公使ロッシュの姿もあった。船はフランス郵船アルフエー号で、一五〇〇トンほどの蒸気帆船だった。渋沢は毎日、日記をつけた。

『航西日記《こうさいにっき》』の冒頭である。これを読むと渋沢の文才にはびっくりする。

慶応三丁卯年正月十一日朝七時、武蔵国久良岐郡《くらきこおり》横浜港より仏蘭西郵船、船号アルヘー号へ乗組み、送別の友人など本船まで来りしも多くねんごろにしばらくの別《わかれ》を告げ、且《かつ》此の港に来住せる諸州の人々、帰省するものもありて次第に乗組み、同九時に発せり。

是一萬里外壮遊《そうゆう》の首途なり、折しも天晴《そらはれ》風和《やわら》ぎ海上穏静《おんせい》にて伊豆七島も淡靄《たんあい》中に看過し遠江《とおとうみ》、伊勢志摩《いせしま》など見えて夜に入りぬ。

船中でフランス語を学ぶ

慶応三年正月十一日朝七時、民部《みんぶ》公子《こうし》（徳川昭武）の一行はフランス郵船アルフエー号に乗り込み、盛大な見送りを受けて出航した。

使節団は名代、慶喜の実弟余八麿昭武を始め次の人々だった。

御勘定奉行格　外国奉行　向山隼人正
御作事奉行格　御小性頭取　山高石見守
歩兵奉行　保科俊太郎
外国奉行御支配向　組頭　田辺太一
調役　日比野清作　杉浦愛蔵
同並出役　生島孫太郎
御儒者次席　翻訳方頭取　箕作貞一郎
通弁御用　山内六三郎
民部大輔殿御附　大御番格　砲兵差図役頭取勤方　改役兼勤　木村宗三
御勘定格　陸軍附調役　渋沢篤太夫
小性頭取　菊池平八郎　井坂泉太郎
奥詰　加治権三郎　皆川源吾　大井三郎右衛門　三輪端蔵　服部潤次郎
奥詰医師　高松凌雲
大砲差図役勤方　山内文次郎
松平肥後守家来　伝習生　横山主税　海老名郡次

小笠原壱岐守家来　伝習生　尾崎俊蔵
通弁官　アレキサンテルシーホルト
民部大輔殿小遣　一人
隼人正家来　一人
石見守家来　一人
外国方小遣　二人

（徳川昭武滞欧記録第一）

計二十九人という大使節団だった。

使節団の代表は、御勘定奉行格外国奉行向山《むこうやま》隼人正《はやとのしょう》で、外国奉行支配組頭田辺《たなべ》太一《たいち》、御儒者次席翻訳方頭取箕作《みつくり》貞一郎《ていいちろう》、奥詰医師高松《たかまつ》凌雲《りょううん》ら後世著名人となる人々が含まれていた。

世話役として長崎のフランス領事レオン・デュリー、イギリス公使館通訳のプロシア人アレクサンドル・フォン・シーボルトが同行した。

向山隼人正は明治以降、静岡学問所頭取に就き、その後、東京に移り、晩翠吟社をおこし、黄村を名乗り、詩作に励んだ。

田辺太一は明治政府に出仕、岩倉遣欧使節団に一等書記官として随行、晩年『幕末外交談』を執筆している。

箕作貞一郎は後年、東京帝国大学の創立に関わった津山人。

高松凌雲はパリでノートルダム寺院に近いパリ市立病院に学んだが、そこは医療費に事欠く貧しい市民に無料で医療を行う施薬救療医院だった。

そこで人道博愛主義を学んだ高松は、帰国後、榎本武揚《えのもとたけあき》と共に蝦夷地に渡り、箱館に病院を開き、敵も味方も平等に治療し、のち民間救護団体の前身と言われる同愛社を創設した。

通弁御用の山内六三郎は帰国後、榎本艦隊に乗り組み、英語力を駆使して横浜に係留されていた軍艦甲鉄からガトリング速射砲を持ち出し、軍艦開陽丸に備えつけた。

会津藩から参加した横山主税《よこやまちから》、海老名郡次《えびなぐんじ》はいずれも上級武士の子弟で横山は帰国後、白河口の戦いで戦死、海老名は初代の会津若松町長を務めている。

明治新政府の中央省庁のトップや次官は薩長閥だったが、実務スタッフは旧幕臣が圧倒的に多かった。

その意味でも慶喜の貢献は大きなものがあり、渋沢が終生、慶喜を尊敬する理由もそこにあった。

当時のフランスは、ナポレオン三世の統治する第二帝政時代で、ヨーロッパにおいて卓越した文化、経済、軍事を誇っており、早くからパリで万国博覧会を開くことを企て、慶応元年、日本にも出品を求めていた。

幕府は日仏交流の絶好の機会と捉え、使節団を送ることになった。

それだけではない。

徳川幕府は、これに応じて日本の特産物を展示しようと、自らも出品物を準備するとともに、各藩や商人たちにまで出品を勧誘した。幕府の呼びかけに応じたのは、肥前、薩摩の二藩と、江戸商人瑞穂屋《みずほや》清水卯三郎であった。

ロッシュはさらに、万国博覧会には各国の王侯貴族が参列交歓するので、日本からも将軍の親族の出席をすすめた。

これにそって慶喜は、弟の昭武を名代としてフランスに派遣することにした。

昭武は徳川斉昭の十八男で、生母は前大納言万里小路建房の六女睦子《ちかこ》である。数え十五歳、慶喜は三年から五年の長期留学させる考えだった。

昭武を選んだ理由は、ナポレオン三世の皇太子がいまだ十歳で、それに近い方が皇帝に親近感を持たれること、また博覧会後、条約締結の各国を親善訪問して見聞を広め、その後、パリに三年から五年留学させて近代知識を習得させせることにあった。

渋沢は、慶喜の内意によって昭武一行の庶務、会計を担当し、殊に外国掛の人々と、七人の水戸侍との間に起こるであろう紛争の仲裁を依頼された。

これが昭武と渋沢栄一との出会いであった。

渡航直前の大事件

渡航の準備中、十二月二十五日、突如、孝明天皇が崩御される大事件があった。まだ若く三十六歳であった。

天皇はこの月十二日から発熱、十六日に痘瘡《とうそう》と診断されたがその経過はいたって順調で、二十七日には全快の儀式が予定されていた。

それが、二十四日の夜から容態急変し、下痢、吐気、胸の差込みなど容易ならず、翌日は「御九穴より御脱血」と、七転八倒の苦しみでの崩御であった。

薩長方の毒殺による急死であるとの噂が流れ、黒幕は岩倉具視《いわくらともみ》だというもっぱらの噂だった。

孝明帝が亡くなられて大打撃は幕府と会津である。後ろ盾を失ったわけで、以後、幕府と会津は薩長に押される一方となった。

情報通の渋沢である。

西郷はまさに鬼の首をとったわけで、慶喜の諸改革もどこまで実現するのか怪しくなってきた。

慶喜の相手は西郷である。

渋沢の見るところ幕府の前途は極めて厳しい。フランス派遣の命を受けた以上、物見遊山であってはならない。慶喜に役立つお土産を持ち帰らなければならない。

渋沢も必死だった。

慶喜は、幕府の諸制度、軍隊を近代化することには極めて積極的だった。

慶応三年の春には、自らも西周《にしあまね》についてフランス語を学び、また、ナポレオン三世から贈られた軍服を着用し、乗馬にも洋鞍を用いるなど、きわめて開明的だった。

しかし、周囲からは反対の声が相ついだ。

昭武の兄弟である鳥取藩池田慶徳《よしのり》、岡山藩池田茂政《もちまさ》らは、昭武が洋風に染まることは水戸烈公の遺訓に反すると抗議した。

渋沢は、そうした四面楚歌《しめんそか》の慶喜に憐れみを感じた。

いよいよ外国へ行くとなれば、このさい一早く外国の言語を覚え、外国の書物が読めるようにしなければならない。

世間には鎖国を高く評価する向きもあるが、とんでもない。

鎖国と頑迷な国粋主義が幕府を瓦解させたと渋沢は考えた。

幕府の敵は薩長だけではなかった。身うちに敵がゴロゴロしていた。

最大の敵が生まれ故郷の水戸というのも慶喜にとって不幸なことだった。

原市之進はじめ慶喜のブレインはことごとく、水戸の侍に斬殺された。

今回のフランスへの使節団派遣は、慶喜にとって重要な意味を持っていた。

そう考えると、渋沢の使命は極めて重要だった。

渋沢は負けん気が強く、変わり身の早さは誰にも負けない。

日々、日記をつける事を忘れなかった。

渋沢の日記は『渋沢栄一滞仏日記』と題して日本史籍協会から発刊されており、旅の記録は「航西日記」として収録されている。渋沢の文章は実に的確で表現力が豊かであった。

航西日記

日記には、至れり尽くせりで楽しかった食事のことが克明に記されていた。

酒は葡萄酒、肉は魚、鳥、豚、牛、牝羊などでご飯ではなくパンであったこと、食後にコーヒーを砂糖と牛乳を和して飲んだこと。日本茶も用意されており、熱帯に入ると氷水も出たこと。

渋沢はこうしたことも含めて航海の模様をつぶさに記述していた。

渋沢は航海の合間に通弁のドイツ人のシーボルトについてフランス語会話の勉強を始めた。

「ボンジュール（おはよう、こんにちは）」

「ボンソワール（こんばんは）」

朝晩のあいさつから始まったが、何度聞いても発音がうまくいかない。さすが探求心に強い渋沢も、船酔いもあって、思うように会話の勉強は進まなかった。

最初の寄港地は上海《シャンハイ》である。

渋沢は日記に市中の商工業、風俗などを事細かに書留め、税関、ガス灯、電線などには事細かに注釈を加えた、
ガス灯は、「地中に石炭を焚き、樋にかけその火光を方々へ取るものなり」。電線は、「鉄線を張り施し、越列機篤児《えれきとる》の気力をもって遠方に音信を伝うるものをいう」と言う具合に記述した。

井の中の蛙とはよく言ったものである。

日本がいかに世界から取り残されているか痛感する日々だった。

二十日には香港《ホンコン》着、造幣教区を視察、ここでアルヘー号の二倍はあるフランス郵船のアンペラトリース号に乗り換え、熱帯に入った。幕府も薩長もあったものではない。日本はすべからく文明から取り残されていた。

幕府はつぶれると、息巻く薩摩の西郷さん。何が薩長だといきがる幕府の高官たち、渋沢に言わせれば、どっちもどっち、とんでもなく狭い樽の中で、ともにもがいているに過ぎなかった。

鎖国を続けた幕府の罪は大きい。しかし、その中で、フランスに使節団を送る徳川慶喜は立派なものだ。

渋沢は改めて慶喜を見直し、誰がどういおうが、そのことを胸に刻み、この機会を与えてくれた慶喜に感謝した。

一行は香港、サイゴン、アラビア半島のアデンを経由し、紅海を航行して二月二十一日、スエズに着いた。

ここからは汽車旅行である。

「細長い家屋の如きものが動いている」

と一同、驚いた。

蒸気車だった。

夕方、この蒸気車に乗り、翌朝、アレクサンドリアに着き、ここで市内を見学した。二月二十三日、再びフランス郵船の船に乗り、二月二十九日、横浜を出てから四十八日目でフランスのマルセイユに着いた。

上陸の際は二十一発の礼砲が轟いたというからすごい。全員がそろった有名な写真をマルセイユの写真館で撮った。フランス滞在中に幕府が崩壊するなど誰も夢にも思っていなかった。

ガラス窓

一行の行動は日々、赤毛布《あかげっと》な行為の連続だった。

汽車の旅で大笑いの出来事があった。

汽車にはガラスの窓があった。日本人は誰もガラスを知らなかったので、おかしなことになった。

団員の一人がミカンを食べ、その皮を外に向かって投げつけたところが、ミカンの皮が、車内にはね返り、隣の外国人にぶつかった。

外国人は大いに怒ったが、当の本人は投げ方が悪いと思い、さらに力を入れて投げつけた。

ミカンの皮はバカンという音とともにはね返り、外国人にぶつかった、外国人は怒り心頭である。投げた人間につかみかからんばかりの勢いで怒った。

通訳が飛んできて事情を聞き、お互いに笑い転げた。

渋沢はつくづくその便利なのに感心し、国家はこのような交通機関を持たないと発展はしないと痛感した。

パリ到着

慶応三年三月七日（洋暦四月十一日）長途の旅行を終え、パリに到着するや、一行は、まずグランドホテル・パリに投じた。

それよりフランス政府と諸般打合せを行い、三月二十四日、昭武はナポレオン三世に謁見し、将軍慶喜の公書を捧呈し、これに対する返書を受け、公式の礼典はすんだ。

幕府は万国博覧会に初めて出品するとあって、二年がかりで準備し、日本特産の漆器、陶器、金工品、武器、鉱物、日本画から材木、和紙にいたる広い範囲の物を集め、その箱数は一八九箱、金額はしめて四万七一九〇両だった。

また江戸商人瑞穂屋こと清水卯三郎は一五七箱、四万二五二二両を準備した。

幕府はこれらを運ぶため、アゾフ号という七〇〇トンの輸送船を、横浜・スエズ間二万七〇〇〇ドルで雇い、慶応二年（一八六六）十二月九日に横浜を出帆させた。同船には幕府から中山七太郎、北村元四郎ら数人と、瑞穂屋から三人、柳橋松葉屋の芸者すみ、さと、かねの三女性が乗船した。

アゾフ号は出帆後四十八日で無事スエズに着き、スエズからアレキサンドリアまで汽車輸送、地中海はまた船でマルセイユへ運び、さらに汽車輸送で二月二十三日頃パリに着荷した。

これとは別に佐賀藩は、肥前の名産陶器を五二〇箱準備して、長崎から英船イースタン・クーン号で運搬した。

薩摩藩は慶応元年、新納《にいろ》刑部《ぎょうぶ》・五代友厚《ごだいともあつ》が密航してフランスに向かいモンブラン伯を代理人として薩摩大守、琉球国王として幕府とは別の会場を獲得し、フランスの新聞紙上に、徳川幕府は日本の統一支配者ではなく、幕府とは対等の一封建大守であると宣伝した。そ

のうえ琉球国としての勲章を作って、要人に贈るなどの手を打って、あたかも独立国のように振舞っていたのである

そして幕府と別の一区画を設けて、丸に十字の旗を立てて、琉球の名義の下に独立国のような体裁で出品していた。

やり方が汚い。

向山隼人正も激怒し、

「琉球は薩摩の属国で独立国ではない」

と主催者に申し入れたが、フランスの博覧会当局は、その説を容れなかった。しかも向山公使は談判の言葉の中でガバーメントの用例を誤り、大君の政府、薩摩政府、肥前政府のように用い、談判の不利を招いてしまった。

事態はとんだドンテン返しとなった。このため向山は外交失敗のかどで帰国を命ぜられ、かわって慶応三年六月、外国奉行栗本安芸守がフランス駐在を命ぜられて、八月十三日パリに着いた。

外交交渉では通訳の役割が大事である。向山の失敗というよりは、通訳の失敗であり、外交交渉の難しさを露呈した、

栗本は外交の専門家で着任後、薩摩のやりかたを厳しく非難し、日本政府は幕府であることを強調した。

渋沢の職掌は一行の俸給の支給、必要品の買入等が主な仕事だったので、渋沢自身は比較的閑だった。

そこで一日も早くフランス語をものにしようと、一行中の三人と教師を一人雇うこととした。

渋沢はグランドホテルを出てアパートに移り、毎日教師を呼んで教授を受けた結果、一月ほどで、日常会話は不自由なくできるようになった。

仕事がない日は水族館、軽気球、パノラマ、競馬、動植物園のほかに演劇や宮廷などの舞踏会も顔を出し、美術館をも見て、ヨーロッパ文化の華やかさを知った。

しかしなんといっても知識を深めたのは博覧会だった。

それは世界文明の縮図だった。

万国博覧会の会場は、セーヌ河の左岸、陸軍士官学校との間の練兵場、シャン・ド・マルスの地四〇ヘクタールに、主建築物は楕円形で長径四八八メートル、短径三八五メートルの大規模なものであった。

そのほかに各国はそれぞれ自国の特色ある建物を建築して、いわゆるオムニバス形式がこのときから採用された。

産業の発達に伴って、電気関係では電信、殊に絵図の電送、灯台等、機械関係では圧縮空気・水圧式エレベーター・蒸気動力による織機等が、武器関係では大砲等の展示が多かった。プロシャが出品したクルップ砲は、総重量五〇トン、砲弾一発一〇〇〇フランと、人々を驚かせた。

出品者は六万人、出品物は二万八〇〇〇トンといわれ、空前の大盛況であった。蒸気機関、工作器械、紡織器械、各国貨幣、学術器械類、医師道具、測量器、電線、綿布織物等には大いに興味をそそられた。

賞牌授与式

出品物に対する賞牌授与式は、博覧会の評判が高まった五月二十九日（洋暦七月一日）、シャンゼリゼーの産業館で行われた。

日本の出品物に対しては、養蚕、漆器、工芸品、和紙に対して第一等の大賞牌が贈られ、その他にも銀牌・銅牌・賞状を受けて、その独特の産物は大いに世界の絶賛を博したのだった。

なかでも和紙は、それ以前からヨーロッパで珍重されていた。銅版画の用紙は、日本の紙が最高であったというほどで、幕府が出品した紙だけでも八十種類にのぼった。

また金銀蒔絵《まきえ》の漆工品は、とくに高級品を精選して持ち込んだせいもあって、鶴亀、松竹梅・富士、竜など独特の図柄と相まって、極めて珍重された。

使節から各国皇帝その他の関係者への贈物にも、漆工品が第一等に用いられた。

また佐賀藩の伊万里《いまり》焼などは、ヨーロッパ全域で大いにもてはやされ、この後多く輸出されることになった。

会場で意外の人気を博したものに、卯三郎が作った日本茶屋があった。

これは総檜造の六畳に土間をつけた和風建築で、土間の縁ムロで茶や味琳酒を飲ませ、座敷では三人の芸者が、煙管《キセル》で煙草を吸ったり、茶を点じたりして、日常の挙措をして見せた。これが大当りで、パリの新聞にも出て評判になり、連日大入りの盛況であった。

おかげでこの茶店の木戸銭収入は六万五〇〇〇フラン。

卯三郎が日本から持ち込んだ三十一万フランに上る出品物の、会場売上げ五万七〇〇〇フランを上回った。

実は日本の産物がヨーロッパの博覧会に出展されたのは、これが二度目であった。

これより五年前の文久二年（一八六二）、ロンドン万国博覧会に、当時の駄目イギリス公使オールコックによって集められた日本の産物が展示された。

日本が出品したわけではないので、だれも知らなかった。

たまたまこの会場を時の遣欧使節竹内下野守保徳一行が見て、その一人淵辺徳蔵が「骨董店の如く雑具を集めしなれば、見るにたえず」と酷評しているが、日本人の目にそのように映じたものでさえ、ヨーロッパでは意外な反響を呼んで、ジャポニスム流行のきっかけをつくっていた。

ヨーロッパ一周の旅

博覧会の儀式がすんだ後、昭武はヨーロッパ各国を歴遊する手はずになっていたが、さしあたりスイスからオランダ、ベルギーをへて一たんフランスに戻り、さらにイタリー、イギリスへ行くことに決した。

ところが八月初旬いよいよスイスへ行こうという時に、はからずも公子随従人員の定め方について外国掛の幕吏と昭武附添の人々との間にいさかいが生じた。

というのは、外国掛の人々は、あまりに多勢の行列では仰々しく、かつ同勢ことごとく大髷《おおまげ》を結い、大小をさして出るのは、外国人の目には異形で、体裁が悪いという問題が起こった。

「まったくそのとおりだ」

と渋沢も思った。

双方譲らず、解決策が出ない。

大勢では費用も大変だ。そこで、渋沢が中に入り折衷案を出した。

栄一は両者間の調停にあたり、昭武公の附添は三人交替で随従することとなって、和解が成立した。

スイスへの巡回は八月の初旬で、それからオランダ・ベルギーの両国を歴遊し、九月中旬に一たんフランスへ帰った。その月末、またイタリーへ旅行した。十月二十三日イタリーよりフランスへ帰り、さらに十一月六日イギリスへ巡回したが、同月二十三日には再びパリへ帰った。

渋沢は会計担当なので、いつも同行できたのは幸運だった。各国の中で渋沢が注目したのはスイスの織物細工所、ベルンの武器蔵、ジュネーブの時計製造所などであった。

オランダでは、ハーグで銃砲製造所、歩兵屯所、アムステルダムではダイヤモンド加工所、造船所、蒸気ポンプ等を見学した。

ベルギーでは、ブリュッセルの陸軍学校、化学実験所、アントワープの砲台、砲車製造所、諸器機および弾丸製造所、リエージュの銃砲製造器械、シラアンの製鉄所に反射・溶鉱の二炉、鉄材精製の方法、鋼鉄の吹分方、石炭取掘法、諸砲車および蒸気車、鉄軌その他諸器械の製造マリートヲワニエトの鏡および硝器製造所等を視察した。

ことにシラアンの製鉄所は、「最盛大宏壮にして、周囲凡そ三万坪程あり、職人七千五百人より一万許入り、およそ一年の製作金高通例三千万フラン」という大工場で、一同、深い感銘をうけた。

イタリー旅行は名所旧蹟の見物が主あったが、十分に景色を堪能した。

イギリス巡回も大なる収穫があった。当時、世界第一の都会ロンドンで「二時間十四万枚余の紙数を摺出す」タイムス新聞社、銃砲製造所、大英博物館、クリスタル・パレース見物も印象深かった。

イングランド銀行では「政府の両替局」、「金銀貨幣拭改（吹替、改鋳）の場所及貯所」、地金積置場、紙幣製作所を見ることが出来、渋沢は後年、日本の銀行業の創始者となった。渋沢は帰国後、これらをすべて取り入れて、次々に会社を設立することになる。

十一月末、一行がパリに帰り、各国巡遊も一応終わったが、その前後に外国方の人々は皆帰朝、ようやく閑暇になったので、十一月末より本格的にフランス語の学習を開始した。受講者は昭武と御傳役の山高石見守と渋沢、および七人の附添で都合十人であったが、助教師の山内文次郎もほどなく帰朝して、その後はその頃フランス留学中の小出涌之助という少年がもっともよくフランス語を解したから、これに昭武の相手を命じた。

昭武の日課は毎朝七時から乗馬の稽古、九時帰館し、朝食をすますと九時半、授業開始、午後三時まで語学や文法などの稽古をして、三時で課程が終わると、また翌日の下読み、作文、暗誦をするというわけで、ほとんど余暇はなかった。

渋沢はその間に日本への書信を書くとか、日記を録するとか、その他旅館内の俗事は皆一身に引き受けていたので、繁忙を極めた。しかし、一、二か月をへて幕命により山高は御傳役を免ぜられ、公子に属する事務官は渋沢の専任となり、また附添の中にも、病気のため帰国した者が二人もあったので、渋沢はますます繁忙となった。

華やかな宮廷社交

渋沢の目にとまった最大の事は、フランスの華やかな宮廷社交だった。ナポレオン三世謁見五日後の三月二十九日、フランス皇帝の招待で観劇があった。パリ・オペラ座の貴賓席に主客ともに礼装で綺羅星《きらほし》のごとく並んで歌劇を見た。

渋沢は『航西日記』に、

「百花繚乱《りょうらん》する如し」と書いた。

翌四月一日には、外務大臣の舞踏会があった。昭武は、

「夜中四ッ時（十時）頃より参り供処、庭中江山水の景を作り置き、少しく音曲を交え、男女数百人混乱して踏舞す。是は客を招待する丁寧の礼なりという。日本にていう時は田舎の大酒宴の如し」

と綴った。

厳格質実な水戸家に育った昭武の目には、男女が組んで踊り回る様は抵抗感があったようだった。

さらに三日には、ティユルリー宮で皇帝主催の舞踏会が行われた。このとき皇帝の居間に案内され、皇帝から直々の接待を受けた。

舞踏会場での昭武の困惑をおもんぱかって皇帝夫妻が親しく居間で接待されたのだった。

のちに昭武は慶喜と自分の写真を皇帝に贈ったが、その写真は、現在もパリのフランス

国立図書館に残されているという。

この後、フランス国皇太子との対面、ナポレオンの伯母（プリンセス・マチルド）や、政府高官の招宴、英国王子の招待があり、徹夜の大舞踏会にも出席した。

その間、昼間は博覧会場へ行き、あるいは兵器貯蔵庫、有名寺院、裁判所、さらに下水道の見学など、実に多忙な毎日だった。

四月二十九日、ロシア皇帝アレクサンドル二世がパリに到着すると、パリ中の興奮は頂点に達した。ナポレオン三世自ら停車場まで出迎え、槍騎兵も出動、皇帝二人が同乗した馬車を護衛し、沿道は騎馬、徒歩の警官多数が整理する騒ぎである。

昭武らはホテルの窓からこれを眺めた。

翌三十日（洋暦六月二日）は、ボアデブローニュのロンシャン大競馬が行われた。ナポレオン三世、同皇后、ロシア皇帝・同皇太子、ベルギー国王、同王妃、プロシア太子ら各国の王侯貴族に交って昭武も貴賓席に並び、世紀の大レースを見物した。

このレースに、ナポレオン三世とアレクサンドル二世との間に、一〇万フランの賭けが行われ、ロシア皇帝が勝ってこれを取ると、すぐにパリの救貧事業に寄付をして喝采を博した。これには渋沢も驚いた。

ロシア皇帝狙撃事件

パリ滞在中の大事件はロシア皇帝狙撃事件だった。

五月四日（洋暦六月六日）パリ城西南の郊外で観兵式が行われた。ナポレオン三世が親しく閲兵し、ロシア皇帝、プロシア国王をはじめ各国代表が参列した。昭武も列し、渋沢も参加した。

観兵式には歩兵、騎兵、砲兵、工兵等あわせて六万の兵が参加し、すこぶる壮観であった。

分列式も無事に終わって、外賓一同帰館の途中の出来事である。

ロシア皇帝の馬車にフランス皇帝と皇子とが同乗し、ボア・ド・ブローニュの松林にさしかかった時に、群集の中から突如ロシア皇帝を狙撃した者がいた。

幸いピストルの弾丸は馬にあたって、お二人ともその血を浴びたのみで、無事だった。凶漢もたちまち捕縛されたが、大変な騒ぎだった。

パリの新聞によれば、犯人はベリゾウスキーという二十歳のポーランド人青年で二年前にパリへ来た機械職工であった。

当時ポーランドを支配していたロシアの圧制に憤激のあまり、この挙を企てたのであった。

裁判にあたっての態度も民族革命の志士たるにふさわしい毅然たるものであった。

慶喜政権返上のニュース

この年の十月中に、徳川将軍が政権を返上したという評判がフランスの新聞に出た。それ以後、さまざまな事柄が続々報道されてくるのを見たが、旅館内外の日本人はもちろん、公子付き添いのフランス人士官（この人は、ヴィレット陸軍大佐）までが、「ウソの話であろう」といって、一向に信じなかった。

しかし渋沢は事実だろうと感じ、衝撃を受けた。

一体、フランスでの学習はどうなるのか。

渋沢は気が気でなかった。

案の上、翌年、慶応四年（一八六八）の一月頃になると、国からの連絡があって、

「去年の十月十二日に将軍家が政権を朝廷に返し（大政奉還）、朝廷もこれをお聞き届けになった。反目していた薩摩と長州は同盟し、一致して幕府に当たるというありさまである」

とのことだった。

そうなると、このうえは一層急変を見るであろうと憂慮しているうちに、三、四月になると、

「正月のはじめに鳥羽口で幕府と薩長の軍隊が戦争（鳥羽伏見の戦い）をはじめて、幕府軍が敗走した。これによって将軍家は大坂城を立ち退かれて、海路より江戸へお帰りにな

り、謹慎恭順の意図を幕府の武士たちへお示しのうえ、水戸へ御隠居なされた」

という知らせが入ってきた。

数千里を隔てた海外にあって、このような大きな事件を聞いたときの心配というものは、なかなか言葉ではいい表せないものがあった。

渋沢は沈痛だった。

いま渋沢にできることは、ヨーロッパ諸国の政治や産業、学問をできるだけ吸収して帰国し、今後の日本に役立てることだった。

その頃、首都のパリに滞在していた外国奉行は栗本鋤雲《じょうん》（明治には郵便報知新聞の主筆）だった。この人も去年、政権返上の新聞が出たときには、しきりにウソと主張されたが、渋沢はこれに反対で「本当のことに違いない」と大いに議論した。

しかし、その後続々と凶報が入ってきたので栗本氏は色を失い、渋沢に、

「なぜあなたは最初からこの知らせを本当だと認めていながら、いささかも驚く様子がなかったのか」

と問うた。

渋沢は薩摩の西郷から倒幕のことを聞いており、やはりという思いがあり、来るべきものが来たという感じだった。

しかし、一月の鳥羽伏見での戦争は予想外であり、幕府が戦術に対してあまりにも暗く、

かつそのやり方の下手糞なことに大いに憤りを覚えた。

渋沢は戦術などを論評する身ではないけれども、すでに戦うと決めたのに、兵庫、神戸など急所となる地を押さえず、ただ大坂のみを守り、そのうえ兵を京都に出して後先考えずにことを起こし、ついに朝敵の名を受けるというのは拙い策というべきか、愚か過ぎるというべきか、歯牙にもかからぬ話だと感じていた。

ともあれ、済んだ後ではあり、かつまた傍観者の議論で、どれほど悔しがっても、少しの甲斐もない。この際は留学継続を画策する事だと考えた。

しかし問題は多々あった。幕府が衰亡したとすれば、今後、昭武公の留学はどうしたらよいのか。将軍家が朝廷の命令に恭順し、謹慎を守るお気持ちであるならば、別に昭武公がこのさい急いで帰国されても、果たすべき役割もないであろう。

ならば、むしろこのまま長く留学して、せめては何か一つ学問や技術でも身につけたうえで帰国された方が、得策であろうと思い定めた。

それにしても第一に考えるべきは経費の節約である。前の御傍役の山高が、免職のあともなお留学のためにフランスに残っていたので、そのことを細かく協議し、こんな手を打った。

まず五人のお付きの者を三人帰国させて、残りを二人とすれば、昭武公のほかは自分と、学問を教える少年の小出涌之助の全部で五人になる。

こうすれば留学の経費も特別に高い金額を必要とせず、維持できるのではと考えた。

もともと昭武公子のフランス行きは、最初に外国奉行の一行が付き添いされたのは博覧会の式典に関連してであった。だから、その経費は外国掛の方で賄った。

その後、各国への探訪も済んでパリに留学と決まってからは、引き続いて毎月五千ドルの送金があったので、渋沢はできるだけ節約して余剰金をつくっていた。

さらに一層の節約を加えて、およそ二万両ばかりを予備金として、その年の二月頃にフランスの公債証書と鉄道債権を買っておいた。

これはほかにには真似できない、得意芸だった。

それから日本の様子がくわしくわかったのは、その年の三月であった。新政府の外国掛伊達宗城、東久世《ひがしくぜ》道禧《みちとみ》二人の名前で、昭武公へ向けて、

「今回、王政復古となったので、そなたも帰国されよ」

という公文書が届いた。そのとき渋沢が栗本と話した大意はこうだ。

「しょせんこの場合、昭武公が帰国されたとしても仕方がない。もっとも先頃、公から前将軍家へ再三書状によって進言されたことがある。

慶喜公が前に大坂をお立ち退きになって、関東へ帰城なさったのは、とてもたのもしくないお考えである。また、たとえ関東に帰られたとしても、なぜすみやかに兵を挙げて、京都へ向かう手配をされなかったのであるか。

いまの朝廷というのは、つまり薩長二藩であるから、これを討ち滅ぼすのが、そうまで困難ということはあるまい。もしまた最初から本当に朝廷の意向を尊重して恭順されるおつもりだったなら、なぜ伏見や鳥羽の戦争をはじめたのか。

すでに戦端を開いた以上は、万やむを得ないことであるから、仕方がない。しかしながら、この進言を採るか採らないかは、もちろん予知することはできないが、昭武公をいま帰国させて、この大混乱のうちにさまよわせることは、どうにも得策ではない。

せめてもう四、五年も留学されて、何か一つの学問や技術に習熟したうえで帰国されたなら、その方面で十分活躍されるだろう。外国へ来ていられることこそ幸い、争乱を避けてその間に学問の修業ができるというのも実に天が与えてくれた幸運なので、是非ともそうしたい。

ところで第一に心配しなければならないことは金である。この金の工面についてははかに良策もないので、一つあなたを煩わさなければならない。その段取りというのは、いまは幕府もすでに瓦解したことであるから、あなたがこの地に滞在していられたとしても、外国奉行の職務の内実はなくなってしまった。そこで、すみやかに帰国されたうえで、あなたから直接、会計担当の有力者にご相談なされたならば、たとえ混乱した幕府でも四万や五万の金額を手に入れるのは、それほど困難ではないように思われる。

また、現にイギリスとフランスとに留学している二十名あまりの生徒についても、今後は経費の仕送りが覚束ないから、早く帰国を命じるのが得策であるし、彼らを帰国させるにもその旅費の用意が必要である。これらは、民部公子の予備金から一時的に支出しておくことにします。ゆえにあなたは一日も早く帰国されて、送金の計画を願いたい」

このように述べたところ、栗本もこの説には大いに同意してくれた。

しかし結果は新政府からの強い帰国命令だった。

涙、涙の帰国

帰国の途中、香港で、会津が敗れ、榎本武揚が箱館に立て籠っていることを知った。

プロシア人スネルが通訳と一緒に訪ねてきて昭武を蝦夷共和国の国王とするよう勧誘を受けたが、渋沢は断った。

渋沢は縁あって一橋家に奉公し、慶喜に仕えた。

生地の周辺は一橋家の領地であり、慶喜は殿様だった。

渋沢は来る日も来る日も、慶喜の馬を追いかけ、織田信長に仕えた木下藤吉郎のような日々だった。

大恩人の慶喜はどうしておられるのか。

渋沢が考えることは慶喜に会うこと、それだけだった。

第五章　江戸から東京

すべて不愉快

さて日本へ着いてみると、わずかの間でも幕府の人間となって海外旅行で留守をしているうちに、主家がひっくり返ってしまった次第なので、江戸が東京となったばかりでなく、すべての変革は誠に意外だった。

幕臣はまるで家をなくした野良犬《のらいぬ》のようで、横浜に着いたときにも、その取り調べの官吏からいろいろと身分を尋問され、見るもの聞くもの不愉快のタネにならないものはない、というありさまだった。

横浜に着いた日、迎えに来たのは静岡藩の杉浦譲、浜中義左衛門ら幕府の役人だった人々で皆、粗末な服装。中には農民の姿もあった。

そのほか水戸藩から昭武公のお迎えが来て、昭武公はすぐに東京へお越しになった。渋沢は、公私それぞれの荷物を船から受け取るなどの用事もあったので、その晩は横浜に一泊すると決めて、杉浦とともに横浜在住の友人を訪問することにした。

久々に日本の住居に坐り、日本の食事を頂き、不遇の身ではあっても、いささか楽しみを感じた。

その翌日、横浜の友人に面会して、箱館の様子を聞いてみると、同じ渋沢姓の喜作も同地に行っているということを知った。

また榎本武揚（当時は幕府海軍副総裁。明治には逓信、文部、外務、農商務などの大臣を歴任）をはじめとして大鳥圭介（明治には駐朝鮮公使、枢密顧問官）、松平太郎、永井玄蕃頭（尚志、明治には元老院権大書記官）、小笠原壱岐守ら幕臣の主だった人々もみな箱館に集まって、大いに地方政治を改善し、軍備と兵站（人員・兵器・食糧などの補給や輸送）を充実させ、いずれ本州まで押し出す戦略だとの風評だった。

その風評というのも、横浜へは外国船が知らせて来るから、みな手に取るようにわかるとのことであった。

そのとき渋沢はこう思った。

「それではとうてい望みのない話だ。本当に風評のような戦略ならば、箱館に集まった人々は居ながらにして破滅を待つのと同じ話で、実に気の毒千万である。昔から亡国の遺臣が結集して挽回をはかったことがしばしばあるが、やりとげたことは一つもない。

しかしながら敵の要所に奇襲をかけるとか、または敵の手薄な部分をつくとかして敵勢を動揺させ、形勢に変化が生まれる機会に乗じてうまく軍隊を操ったなら、あるいは万に一つの幸運にめぐまれることもあるだろう。

ただしいま聞く通りの戦略ではしょせん勝利は覚束ない。とくに結集した人々を見ると、お互いに君臣関係の堅い結びつきがあるわけでもない。いうなれば『烏合《うごう》の衆』である。

たとえこれを統制する人がいかに傑物であったにせよ、一時ならともかく、長期間よくその命令に服従するものではない。

烏合の衆で軍備を充実させて、その後に戦うというような慎重策を立てるのは、力の足りない相撲取りが土俵際で相手と組んで、その状態を維持しようとするのと同じで、決して勝利を得ることはできない。

いま箱館の人々には、幸いに海軍力がある。あるいは不意に京都や大坂を襲うとか、あるいは東京、横浜をつくとかいうように、そここに出没して要所を重点的に攻撃すればよい。

『雷鳴は、耳《みみ》を掩《おお》うに遑《いとま》あらず』というように、きわめて俊敏に行動したならば、各藩の軍隊の気力も、防禦や対応に疲れて人心が乱れてくるに違いない。

そうなれば天の行く末もまたわからないというべきだ。しかしその軍艦の足の速さを持ちながら、空しく一か所に留まって慎重策を練るというのは、みずから敗北を招く道理で、きわめて拙い策といわざるを得ない」

渋沢の意見はもっともなことであった。

開陽丸は当時の日本では最強の軍艦だった。

榎本は意味もなく開陽を江差に航行させ島陰に停泊、上陸している間に北西の烈風が吹き荒れ、開陽は走錨《そうびょう》を起こし、横転した。

これで榎本の敗北は決定的となった。虎の子を安易に使って榎本は自滅した。

渋沢はさっそく一通の書状をしたためて、箱館にいる喜作のもとへ送ることを横浜の友人へ託した。

その書中にはくわしく前の理由を述べて、

「さて、せっかくひさびさの面会を楽しみに帰国したところが、きみも箱館行きだと聞いて、誠に失望して残念千万である。かつまた箱館へ結集した人々の未来は、前に記した通りの結果であろうと考えるから、その内容を榎本氏にも伝えられたい。またいまの形勢では、もはやお互いに生前の面会はできないことであるから、このうえは潔く戦死をとげられよ」

と申し送った。

逆もまた信なり。逆説的手紙だった。

それから二、三日は、荷物の取り扱いそのほかの用事を済ませて、杉浦とともに神奈川宿に逗留していた。

十二月の六、七日頃に東京へ帰ってきて、だんだんと様子を見聞きしてみると、維新の騒動によって「あの友達は脱走した」とか「この親戚は死んだ」とか、さまざまに変化していた。

別れの手紙

故郷にいたときにともに大事を謀った尾高長七郎はと聞いてみると、その年の夏、さいわいに出獄はしたけれども、自分が日本へ到着する前に死去したとのこと。

その弟の平九郎は、自分が昨年フランスに行くときに「見立養子」という名義で相続人にもらい、養子届をしてあった。

これは幕府の制度で、外国に行く者は、外国で死去することもあるかもしれないので、男の子供がいない場合、必ず誰かを養子に立てることを必要とする決まりだったからである。

しかしこの平九郎も、このたびの騒ぎによってその実兄の尾高惇忠や、喜作などにつき従って方々でさまざまな戦争に参加し、ついに飯能宿近郊の黒山というところで討ち死にしたという話だった。

見るもの聞くもの、本当にみな腸《はらわた》がひきちぎれるような辛い話だった。

彼らは、パリの渋沢宛に手紙を出しており、薩長に対して激しい怒りを燃やしていた。鳥羽伏見の戦いも、武門の習いでやむを得ず開戦したまでのこと。薩長は偽勅を出し、諸藩もやむを得ず追随して関東に攻め上ってきたというのが皆の見解だった。

慶喜公は尊王の大義に背いているところは少しもなく、そのことはいつかそれが明らかになることもあろうが、渋沢の義弟であり養子でもある平九郎の手紙は、さらに悲壮で、

「徳川氏滅亡仕るべく候。逐再や此書面御覧の頃は、御国はいかやうのことに相成候や、明日の事計り難く、唯々血涙のみに候。実に隔世とは関八州の今日の事かと存じ奉り候」

とあった。そして、

「ただ、期待をつなぐのは、薩長その他が横暴であるため、関八州の人心は遠からず離反するにちがいないこと。そのため一度は薩長に征服されても、必ず大きな内乱が起る。その機会を察知したら、断然帰朝してほしい。自分も草間に潜伏してても生きのびるつもりである。ただ、いまの状況では手のほどこすすべもないので、早々帰朝されない方がよい」

死を覚悟した別れの手紙であった。

一橋系の家臣たち

慶喜が大坂から逃げ帰り、勝海舟が西郷隆盛と談判し、江戸は無血開城となったのだが、収まらないのが慶喜の母体、一橋系の人々である。

その仕切り屋が渋沢の従兄の渋沢喜作だった。

喜作は豪農の出で、渋沢とは同郷で親戚。幼名が喜作。幼い頃から武術を学び、一橋家の用人平岡円四郎に認められ、栄一と一緒に慶喜に仕えた。名前も成一郎を名乗ったが、渋沢にとっては喜作だった。

幼時から付き合いのある喜作である。

榎本の蜂起は線香花火と見ていたので喜作のことは心配でたまらなかった。

自分もフランスに行っていなければ、同じ行動をとっていたに違いない。そんな思いがあったからである。

喜作も優秀だった。

京都では奥右筆《おくゆうひつ》、御政治内務掛の職務にあった。

いわば慶喜の筆頭政務秘書である。慶喜の信頼は抜群だった。

なんとしても、慶喜の地位を回復したい。それが喜作の願いだった。

喜作のもとに陸軍調役伴門五郎《ばんもんごろう》、陸軍調役並本多敏三郎《ほんだとしさぶろう》、同勤方須永於菟之輔《すながおとのすけ》が集まった。

伴も喜作と同じような育ちで、蕨《わらび》宿の名主岡田平左衛門の三男である。

一族からは後に蕨市長や旧浦和市長が出ている。いわばこの地方の名家である。

門五郎は江戸に住む叔父の伴経三郎の養子になって伴を名乗っていた。叔父は御徒《おかち》という職掌だった。将軍警護の任にあたる末端の武官である。

跡を継いだ門五郎は剣術の修行を欠かさず、文久三年の将軍家茂の上洛のときは京都に上り、護衛に当たった。

それだけではない。長州征伐にも加わった。徹底した長州嫌いである。

本多は江戸の人、須永も上野の農家の出である。ともに二十代中頃の血気盛りである。

旗本が右往左往するだけで、何ら行動をおこさない。

一橋系の人々は、軟弱な旗本にあきれ果て、

「徳川家の辱めを雪《そそ》ぎたい」

と決起し、慶喜帰城の二日後の正月十四日に、次の建白書を出していた。

建白書

「関八州を基本にご再拠なさるべし。甲信の嶮を取り固め、東北奥羽越後を連合し、信州、諏訪、松本の諸城に兵を派遣すること、兵はその地の農夫、猟人を募集のこと」

といった内容だった。

喜作は二月十三日、雑司ケ谷《ぞうしがや》の料亭茗荷屋《みょうがや》で一橋家家臣の集まりを開いた。

出席者の顔ぶれは本多敏三郎、伴門五郎、須永於菟之輔、小林清五郎、田中清五郎、小《お》川椙太《がわすぎた》ら十三人である。

前日、主人慶喜は上野の東叡山寛永寺へ退去しており、全員、悲痛の表情だった。

上野寛永寺は山岡鉄舟、関口良輔ら精鋭隊七十余人と榊原健吉の見廻組五十余人が詰め、慶喜を警護したが、一橋系の人々はこの程度では納得できない。

江戸に侵攻した薩長の官軍と一戦を交えんとする意気込みだった。

勝海舟は、

「馬鹿な連中だ。勝てるわけがねえだろう」

と一笑に付したが、喜作らは、

「腰抜け海舟など相手にせず」

と気炎を挙げ、小石川の伝通院の別院処静院《しょじょういん》や喜作の自宅などで頻繁に会合を重ねた。

一橋系以外の有志にも呼び掛け、四谷鮫ケ橋の円応寺で会合が開かれた。

参加者は三十人、五十人、七十人、八十人と諸説さまざまだが、徐々に増えていった。

この会合に一人の大物が加わった。天野八郎《あまのはちろう》である。

天野も旗本の出ではない。

上野国甘楽《かんら》郡磐戸村の庄屋大井田吉五郎の次男である。

慶応元年、天野は与力広浜喜之進の養子となり、十四代将軍家茂《いえもち》の上洛のとき、京都に出かけ武士に登用された。この前後に旗本天野氏を名乗った。

風貌は「短小豊肥《たんしょうほうひ》」、小太りで、歯並びも悪く、お世辞にもいい男とはいえない。歯には象牙《ぞうげ》をいれていて、口を開くとそれが白く光った。しかし旗本ではないのだから、それだけで人の上に立つことはむずかしい。

愛嬌《あいきょう》もなければならない。笑うとエクボが出て、それがなんともいえないと、遊女の間では評判だった。

「幕府三百年の高恩を忘却し、王師を迎えるのは許せない。それは薩長の二、三の雄藩の計略に陥るもの、あに慨嘆にたえざらんや」

と天野は叫んだ。

若い頃は尊王攘夷に熱中し、外国の艦船を撃沈する方法をあれこれ考えたことがある。小舟に爆薬を積み、外国船に近づき船底に爆裂弾を仕掛け、導火線で爆発沈没させるとか、小舟に油を染み込ませた枯れ草を積み、近づいて火を放つといった作戦をまことしやかに論じた。いずれも子供じみた発想だったが、当人たちは真剣だった。

天野にとっても幕府の瓦解は、痛恨の一事だった。

やっと武士になれたというのに、それが崩れ去ったのだ。

もう黙ってはいられないと、天野も激しく吠えた。

二月二十二日、今度は浅草本願寺に集合し、隊名や役員や会則を決めた。

彰義隊

隊名は、貫義《かんぎ》、彰義《しょうぎ》の二説があったが、彰義に決まった。

役員も投票で決め、頭取に喜作、副頭取に天野八郎が選ばれ、幹事本多敏三郎、伴門五郎、須永於菟之輔が名を連ねた。この人事は事前に根回しがすんでおり、投票は名目だった。

喜作は当初、頭目になることを拒んだ。

理由は滅多やたらに悲憤慷慨《ひふんこうがい》する天野が好きになれなかった。
はたしてこの男と一緒にやっていけるかどうか、分からなかった。
そこで喜作は漢学の師匠である尾高惇忠に依頼し、目的を記した血誓書を書いてもらい、これでいくと皆に披露した。
血誓書は次のようなものだった。

血誓書

方今社稷《しゃしょく》、危急存亡の秋《とき》、臣子尽忠報国《じんちゅうほうこく》は、士道の常にして諸士の仰ぐ所なり。然《な》れども昇平三百年の久き、士気相弛み候より尽忠報国は人口に膾炙《かいしゃ》する而巳《のみ》。互に其実際を見ず。故に今日の形勢に至り候ても敢て人を恨むに詮《せん》なし。誰か是を恥ざらむ哉《や》。

然らば言行相反せず愈身命を抛《なげう》ち、君家の御窘辱《おきんじょく》を一洗し、薩賊を戮滅《りくめつ》し、上朝廷を尊奉し、下万民を安堵せしめ、遥かに神祖の聖霊に報い奉るべく有志の士は断然一死を天地神明に誓い姓名を此《この》帳に記載を仰ぐ。我等不敏と雖《いえど》もいささか馳駆《ちく》の労をもって諸君の弧忠を世に示さんものなり。

要約すれば徳川幕府は三百年の長きに及んだ結果、士気がゆるみ、今日の形勢になった。

ここは身命を投げうって、奸賊の薩摩を殺戮《さつりく》し、徳川家を再興すべし、という内容だった。

「異議なし」

と皆が叫んだ。

尾高は下手計村《しもてばかむら》、現在の深谷市の生まれで、渋沢の従兄である。喜作共々一族であった。水戸学に傾注し、尊王攘夷論を戦わせ、高崎城乗っ取りを謀議した仲間である。渋沢の妻千代は尾高の妹である。いわば渋沢一派だった。

かくて彰義隊の勢力は百人、二百人、三百人と増え、いつのまにか、昼夜、市中を巡察するようになり、江戸市民は大助かりだった。

喜作は、慶喜に近侍してきた幕臣であり、身に硝煙のにおいをつけて帰ってきていた。武士であることにこだわるだけに、生来の武士より武士らしく振舞おうとするところがあった。勝負師でもあり、親分肌でもあり、押出しは堂々としているし、何より、やる気十分である。

それやこれやで、動揺している旗本御家人たちを圧倒していた。

喜作はとりあえず次の三ヵ条を提議し、隊の申合せとした。

第一　死生を共にする事。

第二　方向を一定する事。

第三　方向は衆議を以て之を決せん事。

具体的な行動は、官軍の出方次第だが、もちろん一戦は覚悟していた。

江戸は戦場としては不向きである。

山岳を背後にした要害の地でこそ、大軍を相手に決戦を挑むことができる。

喜作は、主戦場を日光に想定した。

かつて長七郎たちが夢見た日光挙兵のことが、頭のすみにあった。

渋沢喜作、奮戦

喜作は、挙兵には何より軍資金の用意が必要だと考えた。

天狗党が資金の手当もないまま挙兵し、農民から徴発したりして、すっかり民心の支持を失ったさまを、喜作は見ていた。

このため、喜作は江戸の豪商の何人かを呼出し、御用金調達を申しつけた。

だが、このことが、副頭取天野八郎にあげ足をとられる原因になった。

「喜作は彰義隊を利用して私腹を肥やそうとしている」

と、天野は喜作を非難した。

しかも、天野は「戦うなら江戸だ」という考え方であった。

「喜作とは何者だ。ただの成り上りではないか」

こうして頭取などの役員は、あらためて知行高に応じてきめようということになり、喜作は頭取の座から、ひきずり下ろされた。

このため、喜作は別に一隊を組織した。

天野派は、なお喜作をじゃま者と見て、再三、喜作を襲って殺そうとした。

一方、江戸に入城した官軍もまた、喜作を危険人物と見て捕殺しようとする。

喜作は幾度となく白刃の下を逃れた。

むだに死にたくはないと、喜作は隊を率いて江戸を離れ、田無《たなし》に屯営を構えた。

江戸での襲撃の危険をまぬがれるためだけでなく、江戸市中では隊の統制がとりにくいこと、それに、戦略として、江戸郊外に兵力を温存しておいて、いざというときに官軍の側面をつこうという狙いだった。

隊員は最初、二百名ぐらいであったが、特に制限をしなかったので、続々義勇兵がふえ、倍近くにふくれ上った。隊名は、新五郎（惇忠）が振武隊《しんぶたい》と名づけた。

ついで、喜作は屯営を箱根ヶ崎に移した。

田無では官兵が不意に夜襲をかけられる距離である。十里近く離れていれば、迎撃もできるという判断であった。

五月十五日、上野の山で天野八郎らの彰義隊は戦闘に入った。

報せをその日おそく受けとった喜作は、翌朝早く、これに呼応して江戸へ向って出撃したが、途中で彰義隊が一日で潰滅したことを知った。

もはや、側面攻撃はできない。

逆に、官軍が勢いにのって、振武軍めがけて殺到してきていた。

喜作は、飯能《はんのう》の羅漢山麓《らかんさんろく》の能仁寺を新しい本陣として、官軍を迎え撃つことにした。

二十二日夕刻、入間川辺で小競合いがあり、夜半には伏兵と伏兵が衝突、二十三日は夜明け前から激戦となった。

官軍は、薩摩、大村、佐賀、福岡、広島、鳥取、前橋、忍、川越の九藩三千余。

主力は洋式装備の火器を持った精鋭部隊であった。

法螺貝《ほらがい》を吹き鳴らし、大砲小銃を休みなく浴びせかけ、三方から飯能市内に攻めこんだ。

市内の振武軍陣地はひとつひとつ攻め落とされたが、振武隊の将兵は善戦し、四時間余にわたってもちこたえたが、すでに兵力は百に過ぎない。

砲弾二発がたて続けに能仁寺本堂に命中し、猛火に包まれた。

もはや、最後である。

喜作たちは山道をちりぢりに逃げのびた。

すでにまわりの村々には、「落武者はことごとく討ちとるべし」との布令が出ていた。

ただ、そのあたりは一橋領でもあったところから、義侠心のある農民がいた。

喜作や新五郎らの六人は、運よく、そうした農民に助けられ、宿を借りたり、道案内をしてもらったりしながら、間道から間道へと逃げのびることができた。

尾高平九郎の壮絶

不運なのは、平九郎であった。

死んだことは聞いていたが、実に可哀そうな最期だった。

渋沢は涙が止まらなかった。

平九郎はただひとりで山道を逃げ、ようやく顔振《かあぶり》峠にかかった。

弁慶も顔を横に振ったという伝説のあるけわしい峠である。

茶店の老婆は、平九郎を徳川の落武者と察した。平九郎が向おうとする越生《おごせ》への道には、すでに官軍が入ってきている。

尾根つたいに秩父へ逃げるようにすすめたが、平九郎は首を振った。大刀を老婆にあずけ、身なりを変えて、峠を下った。

長い峠道を黒山村へ下りた。

早朝から何も食べて居らず、空腹であった。立寄った民家にも食物はなく、そのまま歩いて行く中、官軍である広島藩の斥候三名に行き会った。

三名の兵にとりまかれた平九郎は、

「自分は神主のせがれだ」

と、言い張ったが、あやしまれるばかり。

本営にひき立てられようとしたので、かくしていた短刀をふるって、立ち向った。剣には自信がある。

一人を倒し、二人に傷を負わせたが、すぐに三十名ほどの兵がかけつけてきた。

平九郎を手ごわいと見て、遠まきに布陣し、鉄砲を浴びせかけてきた。

一弾は平九郎の太股を貫いた。

もはやこれまでと覚悟をきめ、平九郎は路傍の岩に腰かけると、腹真一文字にかききって果てた。

その姿勢のまま、なお倒れなかったため、官軍はさらに射撃を集中した上で、ようやく首をとった。

黒山の村人たちは、若い落武者の奮戦ぶりと最期を目撃し、官軍の去った後、その遺体をひそかに寺に埋葬した。

名前もわからぬままに、寺の住職は、「真空大道即了居士」と戒名をつけた。

後に村人たちは、「脱走の勇者」の勇気にあやかろうと、神さまのようにしてまつるようになった。

出るはため息

自分自身はどうか、と反省してみると、はるか遠い海外の国々をめぐり多くのことは学んだが、幕臣として何をしたのか、平九郎には頭が下がる思いだった。

以来、広島藩と聞くと、心穏やかでなかった。

本当にはかない世の中であると嘆息のほかはなかった。

もともと幕府を倒すということは、われわれが先鞭を着けようとしたことであった。

それが、いったん機会が嚙み合わなくなってから、幕府の官僚の末端に列なって、亡国の臣となったのは実に残念至極のことである。

しかし、あえて自分の誤りや失敗ともいいがたいので、世の成り行きとあきらめて、その身の不幸を慰めるよりほかはなかった。

いまから箱館へ行って脱走した兵に加わる望みもなければ、また、新政府に媚びて仕官の道を求める気持ちもない。

今後、一体どのように生きて行くかという点については、ずいぶん行き詰ってしまった。

別に他人より優れた才能や技術があるわけでもない。

また、恩顧を賜った君公は現在駿河で御謹慎の身の上、同志の親友はといえば箱館で賊徒の名を受けて、討ち手の官軍を向こうにまわして戦争をしている。

いま朝廷に立って威張っている人々は、いずれも見ず知らずの公家か諸藩士か、または在野から成りあがった人ばかりで、知人や面識のある人は一人もいない。

つらつら今までのことを回顧してみると、幕府を倒そうとしていろいろ苦労したはずのこの身が反対に倒される側になって、やるべき道を失ってしまった。

残念でもあるが、また困り果てもした。

さればといって、目下羽振りのよい権力者に従って新政府の役人となろうとするのも心に恥じるところである。

だから、たとえ当初抱いた志ではないにせよ、いったん前の君公に恩顧を賜った身に違いないので、むしろ駿河《するが》に行って一生を送ることにしよう。

駿河へ行ってみたら何か仕事があるかもしれない。もし何もすることがないとすれば、農業をするまでのことだ。


こう決心した以上は、一日も早く出発しようと思い、故郷から東京へ帰ると間もなく駿河へ向けて旅行した。ただしその旅行の前には、フランス滞在中の諸収支を整理して、荷物そのほかの片づけをした。

水戸に属する分は水戸藩へこれを引き渡し、また、静岡藩の役所に申し立てて許可を得たうえで、フランスから持ち帰った残金のなかから、およそ八千両ばかりの金額で鉄砲を買い上げ、これを公子が水戸へお越しのときの土産にあてた。

それでもなお残金があったので、それらの収支を明瞭に記帳し、物品の片づけを済ませておいて、駿河へ行ったときにこれを静岡藩庁の勘定所へ引き渡した。

　また、そのときに昭武から、

「一橋公へ私の直筆の書状を持って行って、拝謁したら、今日までの経緯やそのほかのことをくわしく申上げてくれ。今の状況では拝謁さえ叶わぬことなので、細かいことは渋沢から申上げる云々としたためておいたので、ご無事の様子をうかがって、公より仰せのことがあったならば再び水戸へきて、それを伝えてくれよ」

と、くれぐれも言い含められていた。

静岡へ

東京と静岡とはわずかな距離であり、その月の二十日過ぎに静岡へ到着した。

　その頃、静岡藩で全権を握っていた役人は、中老職の大久保《おおくぼ》一翁《いちおう》（後に東京府知事）という人だった。

　そのうえに平岡丹波（道弘）という家老職の人もあったが、これはただその名ばかりで、実際の政治の権力は大久保一人の手に帰していた。

　また一橋公のお付きには、梅沢孫太郎という人がいた。

　この梅沢という人は、原市之進と同じく水戸の出身で、原とともに一橋家の用人になっていたが、一橋公が将軍家ご相続のときに幕府の「御目付」に栄転して、幕府が倒れたあとも今に至るまで始終付き従っていたのである。

さて静岡到着のあと、すぐに大久保に面会してフランス滞在中の概略を述べ、民部公子の書状を、同氏の手から一橋前公にお渡しして欲しいとお願いし、公子の伝言をも申し述べた。

変わり果てた姿

その頃、慶喜公は、宝台院《ほうだいいん》（いまの静岡市葵区にある寺院）で謹慎中であり、そこで面会があるから出頭しろという通知がきた。

そこで静岡に着いた翌々日の夕方から宝台院にうかがい、心静かに拝謁した。

「なんという変わりようだ」

渋沢は狭い六畳ほどの薄暗い部屋で変わり果てた慶喜と対面した。

すっかり落ちぶれた慶喜を目の前にして、渋沢はこらえきれずに涙を流した。言葉も出ず、頭を下げておんおん泣き続けた。その泣きぶりに、慶喜が困るほどだった。

慶喜はとても穏やかな声で、

「泣くことにあらず。今日は民部（昭武公）の話を聞くつもりでお前に会った。民部の話を聴こう」

と、おっしゃられた。

渋沢が涙ながらに、昭武公の顚末をくわしく申し上げた。

各国探訪中の実際の状況から、公子のフランス留学中のご様子、および東京において公子よりいい含められたことまで、すべてお話しした。

慶喜は目を細めて聞き、

「残って勉強したことは良き判断だった」

と渋沢を褒めた。

薩摩藩の陰謀も報告した。

薩摩大守・琉球国王として幕府とは別に会場を獲得し、さらにフランスの新聞紙上に、徳川幕府は日本の統一支配者ではなく、薩摩藩とは対等の一封建大守であると宣伝した。そのうえ琉球国としての勲章を作って、要路の人々に贈るなどの手を打って、あたかも独立国のように振舞った一件である。

慶喜は、ひとつひとつうなずかれて聞いてくださり、薩摩に関しては無言だった。最後に、

「日本もかわらねばならないなあ」

とおっしゃり、

「そちの使命もおおきい」

と励ましてくださった。

おだやかで淡々とされており、慶喜公の偉大さを感じるばかりだった。

突然の辞令

渋沢はそのまま旅宿に逗留していた。何もほかに用事がないからブラブラ市中の見学などをして遊んでいるうちに、一日過ぎ二日過ぎ、三日目になっても何の音沙汰もない。どうしたことかと思って梅沢に、

「まだお返事は出ないか」

と問い合わせると、

「いずれ追ってお沙汰があろう」

というから、そのつもりで待っていると、四日目になって突然藩庁から、自分に出頭しろというお達しがあった。

何が何だかわからないが、まず行ってみると、

「羽織袴では困るから礼服を着て来い」

という。

「旅先だから礼服は持っていない」

と答えたが、正式な出頭命令だから、礼服でなければならぬという。

仕方なく他人の礼服をありあわせに借り着して中老の詰所へ行くと、

「静岡藩の勘定組頭を申しつける」

という辞令書を渡された。よくよく自分は勘定組頭に縁が深いと見える。

それから勘定所に行って、勘定頭の平岡準蔵、小栗尚三の両人に面会して、

「自分は思いがけなく勘定組頭を仰せつかったが、そもそもフランスから帰るとすぐに民部公子の直筆の書状を持参して一橋前公へお渡ししてある。慶喜公から昭武公への返書があるであろうから、それを受け取って一旦、昭武公まで報告にもどった後であればともかくも、そのことを済まさずに今日の拝命は、はなはだ迷惑だからお受けはいたしかねます。何ぶん早くお返事を受け取って水戸まで行きたいから、そのことのお取り次ぎをお願いしたい」

というと、平岡が、

「すべて承知した、早速聞いてみよう」

というのですぐに中老の部屋へ聞きに行って、帰っていうには、

「水戸へのお返事は別に手紙をやるので、そなたから公子への報告には及ばぬ。藩庁で必要があって勘定組頭をいい付けたのだから、すみやかにお受けして勤めるがよい、という大久保の返事であったから、そのように心得るように」

ということであった。

ふざけるな。渋沢は怒った。

怒りのあまり顔色をかえ、辞令書を平岡の前へ投げ出し、

「へえ、そうなら、私はこの辞令は受けられないのでご免をこうむります」

といってそのまま旅宿へ帰ってしまった。

しかし静岡藩にも恩義がある。このまま東京に戻っては、慶喜公に申し訳ない。そこで、一、二年、静岡に滞在することにした。

帰国したとき、渋沢は農業と商業を結び付けた藍玉商人や米穀や肥料の買い入れ商人のような仕事に就こうと思ったことがあった。

そこで藩の収入を運用して、利益を上げる商法会所を立ち上げた。

渋沢が頭取になり、、資金は藩が約一万六千両、国からの金札約二十五万九四〇〇両、民間の出資、約一万四七〇〇両、これが総資本だった。

この資金を運用して米、茶、蚕卵紙、油、塩、砂糖、紙、履物、肥料などの売買、貸付、さらには倉庫業、運搬業なども行い利益を上げた。

第六章　「大蔵省主税局長」に就任

新政府から招き

静岡藩の基礎もようやく固まろうとした折から、明治二年の十月、新政府の太政官から渋沢へあて召状が届き、早速東京へ出よとの通達を受けた。

渋沢は新政府への仕官は好まなかったが、十二月初旬、太政官へ出頭してみると、大蔵省租税正《そぜいのかみ》に任命するとのことである。

何をする役人かといえば租税、関税の担当部局の筆頭で、今日だと大蔵省主税局長に該当する。

大変な役職である。

ともかく大蔵省へ出て拝命の挨拶をしたが、当時大蔵省には一人の知友もなかった。また職務についても少しも様子が判らなかった。一体、だれが自分を推挙したのかとおかしくもなった。

当時の大蔵卿は伊達宗城《だてむねなり》、大輔《たいふ》（次官）は大隈重信《おおくましげのぶ》、少輔《しょうふ》（次官並）は伊藤博文《いとうひろぶみ》であったが、省中の事務は多く大隈、伊藤の管掌するところだった。

であったから、渋沢は十二月中旬に大隈を訪ねて、じっくり考えを聞いた。

大隈は早稲田大学の創立者として知られ、今日、早稲田大学のキャンパスに立つ銅像で有名である。

佐賀藩は福岡藩と一年交代で長崎警備にあたっていた関係で、外国事情に詳しく、大隈は長崎勤務の時代、宣教師のフルベッキに英語を習い、オランダ語にも通じていた。がっちりした体で、喧嘩は誰にも負けたことがなかったと自慢し、のちに総理大臣となり、大勲位《だいくんい》菊花章《きっかしょう》を受章、八十三歳で死去した時は国民葬となり、早稲田の自宅から護国寺に向かう間、百万人の人が見送ったという伝説の人である。（伊藤之雄『大隈重信』）

大隈はその時分からすでに一代の論客であった。

「足下の履歴を聞けば、やはりわれわれと同様新政府を作るという希望を抱いて、艱難辛《かんなんしん》苦《く》した人である。してみれば出身の前後はともかくも、元来は同志の一人である。維新の政府は、これからわれわれが知識と勉励と忍耐とによって造り出すもので、殊に大蔵の事務については少しく考案もあるから、ぜひとも力をあわせて従事せられたい」

大隈には多くの人が巻き込まれてしまうとは聞いていたが、懇切な説諭であり、渋沢は大蔵省の役人になった。

のちに知らされたが、当時渋沢を推挙した人は、大蔵卿伊達宗城であったという。

かくて心ならずも一橋家に仕え、ついで不満ながらも幕臣となった渋沢は、今また不本意ながら、新政府の人となった。

このような運命は、結局、当時の情勢の急変がそうさせたことと、渋沢の賢明さが引き起こしたことであった。

いかなる地位にあっても、その絶倫の才腕と精力とをもって、その任務に最善を尽すことが渋沢の信念であった。今、大蔵省の人となって、渋沢は、その全努力を傾倒して新政府の事務に当らんとした。

大蔵省改革案

仕官後いくばくもなく、当時省務が不整頓であるのを見て、一つの改革案を提げて再び大隈を訪ねた。

「このさい真に省務の刷新をはかるには、第一その組織を設けるのが急務で、その調査に有為の人材を集めて十分の研究をせねばならぬ。ゆえにこのさい省中に一つの新局を設け、旧制の改革、または新たに施設せんとする方法、例規等は、すべてこの局で立案を経、時のよろしきにしたがって、これを実施することにしていただきたい」

渋沢の自信に満ちた建言をきいた大隈は、渋沢の非凡の識見に感嘆するとともに、直ちにその提案に同意した。

改正掛の役員の多くは兼任の人々で、租税司からは渋沢がその掛長を命ぜられ、改正掛の事務にとりかかることとなった。

その年も暮れて明治三年の春、さらに局中に有為の人材を要するというので、静岡の藩士中から前島密《まえじまひそか》、赤松則良《あかまつのりよし》、杉浦愛蔵、塩田三郎などを登用し、その他にも文筆の達人、洋書の読める人なども入れて、改正局の人員が、十二、三人になったので、事務もはかどり、渋沢も本格的に取り組む体制が出来上がった。

第一に着手したのは全国測量である。

日本列島の詳細な地図を作る必要があった。人口を把握することも大事だった。

さらに度量衡の改正案を作り、租税制度の改正、駅逓の改正も緊急問題だった。何もかも日本は国家としての体裁が出来ていなかったのである。

国の財政基盤は租税である。一体いくら徴収できるのか、これが問題だった。

渋沢は、租税は物納より金納への改正を目標として調査した。

駅逓制の改正は前島がそのことを担当し、その方案を立てた。その他貨幣制度、鉄道の敷設案、諸官庁の建築もしくはその職務の規程等までいずれも討論審議し、建議することとなったから、大蔵省の事務はにわかに多忙になり、大蔵省の勢力は各省を圧する観を呈し、その結果、大隈大輔は他に嫌忌されるようになったほどだった。

貨幣制度のことも前々から重要問題となっており、改正掛において精密に研究することとなった。また公債をいかに発行すべきか、紙幣はすでにこれを発行したが、その引き換えの方法はいかにすべきか。

これらのことをアメリカにおいて研究するようにと伊藤（博文）少輔からの意見が出たので、それをも改正掛で審議して建議案を作り、政府へ建議した。

明治三年十月その議が容れられて、伊藤少輔がアメリカへ出張することとなった。伊藤一行がアメリカで調査した結果は、すべて大蔵省へ具申されたが、その文書の往復はいずれも改正掛で取り扱った。

明治四年の春、伊達宗城は大蔵卿を辞し、大隈大輔も参議に転任し、大久保利通《おおくぼとしみち》がかわって大蔵卿となった。

従来調査した銀行の制度、諸官省の事務の在り方、公債証書の発行規定などいずれも評議に及んだが、まず貨幣制度を定めてその条例を発布するのがもっとも急務であるというので、その条例草案は渋沢が担任した。寝る暇もない激務であった。

そこへ伊藤がアメリカから帰国し、銀行条例制定のこと、公債証書発行のことなどの実施を急いだから、その順序方法等の調査が改正掛へ命ぜられた。

廃藩置県

そのころ、旧西丸にあった能舞台を改造して作った「御議事の間《ごぎじのま》」という会議室があり、大久保利通、西郷隆盛、江藤新平、後藤象次郎、大隈重信、井上馨らが集まってあれこれ議論していた。

渋沢も出席を認められ、皆さんの意見を拝聴した。

議論は廃藩置県だった。藩を廃止する大改革である。

薩摩の島津久光をはじめ反対論者は全国に大勢いる。東北の諸藩は戊辰戦争もあって財政破綻しており、南部藩などは藩を返上する動きにあったが、有力藩は上層部がことごとく反対だった。

その気持ちはよくわかる。

しかし欧米列強に比べれば、日本は国家の形態をなしてはいない。

鉄道を敷かなければならない。

道路も改良しなければならない。

郵便制度をどうするか。

発電をして電気を起こし、その配線を全国にしかなければならない。

資金はどうするか。

鉄道の場合、我が国の関税、および鉄道収入を抵当として、英国が三〇〇万ポンド起債してやろうといえば、旧街道の宿場の旅籠や車引きは死活問題だとして東京、横浜間に敷設した電線を切り倒すなど大騒ぎである。

江戸時代を礼さんする学者も多いが、渋沢に言わせれば、とんでもない。

慶喜は徳川幕府の終焉をよく知っていたが、刀を差した武士たちは、

「とんでもない」

と暴れまわる。

なにからなにまで無茶苦茶なのだ。

幕府の政治が悪かったかといえば、そうとも言える。渋沢は日々、いくつもの難問を抱えていた。

西郷どんの気持ち

そんな中、西郷が話すことは、戦争のことばかりだった。

「日本は維新後、まだ戦をすることが足りぬ。もう少し、戦をしなければならぬ」

と言うのである。

どうも理解しがたい発言である。

「これは一体、何をおっしゃっているのですか」

と、渋沢が大蔵大輔の井上馨に聞くと、

「さあ、俺にもわからぬ。西郷はとぼけたことをいう男だ。何か深い意味があるに違いないのだが」

と首を傾げた。

井上は長州藩士で、父は萩藩の郷士。聞多《もんた》の名前で過激な尊王攘夷活動を行っていたが、文久三年にいわゆる「長州ファイブ」の一員として伊藤俊輔らと共に藩命で英国に渡航し、イギリスで勉強した。

維新後は参与、大蔵大輔、参議兼工部卿、外務卿などを歴任。明治九年には特命副全権大使として日朝修好条規の締結に関わり、三井をはじめ、実業界とも深いつながりを持つ幅広く仕事熱心な人物だった。

英雄は西郷隆盛

四、五日後の事である。
「オイ、オイ渋沢君、西郷さんの意味が分かったよ」

と井上が言った。

「西郷が万難を排して廃藩置県をやろうとある。これを断行するには戦争になることもあるかもしれぬ。戦争が足りぬようならやったらいいという事のようだ」

「なるほど」

渋沢は、大西郷の先見の明に感じ入った。

刀を差した連中が廃藩に反対して騒いでいたからである。

やるなら来いという西郷の発言には圧力があった。西郷のおかげもあって、明治四年七月十四日、廃藩置県が無事、全国に布告された。西郷の功績は大きかった。

鹿児島では大久保よりも西郷の方が英雄である。大久保はその陰に隠れて影が薄い。西郷は体軀だけではない。発言の影響力は絶大だった。

渋沢は以前から西郷に教えを乞うていたので、「渋沢君」とよく声をかけられた。

皆、不思議な顔をした。

大車輪の活躍

そのころ渋沢の肩書は大臣、大輔、少輔に次ぐ大丞《たいじょう》総務局長。省内ナンバー4の渋沢は不眠不休で、諸藩の借入金の整理など廃藩の後始末に当たった。

渋沢は、三十二、三歳の壮年の精力を費して、大蔵省出仕以来、非常な努力をもってことに当り、ほとんど人間業と思われぬ仕事をした。

通商司の跡始末も命ぜられていた。この通商司とは、明治二年二月、各開港場に設置され、はじめは外国官に属したが、後大蔵省の前身ともみるべき会計官に、ついで大蔵省に属したものである。

東京と大阪とにおいて、有力な商家を協力させ、為替会社、商社、開墾会社などの諸会社を創立させ、合本営業の端緒を開いたものであるが、なにぶん新事業で、管理の人がそのことに暗いことから、つねに損失が多く、これを整理するため、渋沢は兼任を命ぜられたのだった。

渋沢は東京、大阪の商業家とも時々面会し、業務上について種々談話も試みたが、封建時代以来の卑屈の風が一掃されず、在官の人に対する時には、ただ平身低頭するのみで、学問もなければ気力もなく、新規の工夫とか、改革とかは思いもよらぬ有様であった。かつてフランスで交際した銀行家フロリヘラルトらとは雲泥《うんでい》の差があった。

しかし国家の財政を理解できない閣僚が多く、仕事はさっぱり進まない。当時すでに大蔵省の職制および事務章程も制定され、各セクションの事務もその区分が立ちかけたが、会計は確立せず、各省の希望があれば、直ちに政府からその支出を大蔵省に命じて、俗にいう取ったり、使ったりという有様であった。

政府はただ拡張に努めるのみであったから、井上大輔も大いにこれを苦慮したのであった。その点で、渋沢は井上と意見の一致するところがあったが、大久保大蔵卿は、とかく財政に注意せぬ傾向があった。

「とてもやっておれない」

渋沢は大隈や井上に率直に気持ちを伝え、辞職を相談したが、その志には賛成したが、大蔵省において差し支えの筋もあるから、今少し見合せよと止められた。

かくて一度は思い止まったが、その志望はいよいよ募るばかりであった。

大蔵省務の余暇に、会社の起業規則、「立会略則《たちあいりゃくそく》」を著したのも、かかる志望の一つの表れに外ならなかった。この書は主として会社制度の説明を試みたもので、商業に政府の干渉すべからざることとを強調するものだった。

この自由放任の思想は、当時においては、先覚の思想であった。すでに静岡に新規事業を立ち上げた渋沢は、今や天下に向って呼びかけを始めた。

偽札横行

当時、偽札も大問題だった。藩政時代、諸藩が藩札を発行、それが大小種々あり、合計一六九四種もあった。それらを償却、新貨幣に交換する作業は明治十一年までかかった。金、銀貨も劣悪のものが多く、悪貨がはびこっていた。

中国人が上海で大量に偽札を作り、わが国経済界が大混乱に陥る事件も起こった。

そこで官吏を上海に派遣、犯人を突き止め偽版十面を没収したこともあった。

この時期、渋沢は大阪へ出張、新紙幣製造の印刷の指導も行った。大阪滞在は約一か月余で、十一月十五日に東京へ帰ったが、当時の官界における空気は、旧幕臣の渋沢を邪魔者扱いする傾向すらあった。

そんな時期、渋沢を一番理解してくれたのは大隈重信だったが、渋沢は、

「役人は向かない。幕臣の務めるところにあらず」

と大隈に伝え、実業家への志望は燃えるばかりだった。

父の死と退官

明治四年の十一月十五日、渋沢が大阪から帰ったその夜中に、郷里から急飛脚がきた。父が十三日にわかに大病にかかり、危篤《きとく》に陥ったとの凶報である。

即刻にも出立したかったが、大阪出張の復命をし、また賜暇《しか》（休暇願い）の手続きをしなければならなかったので、その一夜を千秋の思いで明かした。

翌早朝、井上大蔵大輔に会い、復命するとともに、帰省の許可を得て、直ちに東京を出発し、大雨を凌いで、その夜十一時頃父の家に着いた。

父の病は十三日夜から発して一時は脳をおかされ、人事不省の大患ではあったが、彼が着いたとき、容体は回復し、子の来着をすこぶる喜んだ。しかし重患であったから、あらゆる手段をつくして昼夜看護したがその甲斐もなく、次第に危篤に瀕して、ついにその月二十二日、六十二歳を一期として永眠した。

事に当って動ぜぬ渋沢も、いま父の死に遇っては、慟哭《どうこく》を禁じ得なかった。ねんごろに葬儀を営み、万端事終って帰京したのは十二月の初旬であった。

明治五年の春、大蔵少輔吉田清成は、イギリスにおいて公債を募集するため洋行を命ぜられた。そのことは井上の立案による公債募集であった。吉田の出発に先立ち渋沢は三等出仕に任ぜられ、少輔の事務を扱うこととなった。

時あたかも大久保大蔵卿は岩倉、木戸らとともに欧米出張中であったから、省中の全権は井上大輔の掌握するところとなり、渋沢は実質的には大蔵次官の地位に昇格した。

井上の配慮にも応えねばならない。渋沢は素志を実行すべく、歳入総額を調査し、ほぼ四千万円との統計もできた。

ついで、「量入為出」の原則を確立すべく各省の経費を節約し、剰余金を作るとともに紙幣兌換《だかん》の制を設けたいと井上に申し上げた。

しかし各省から経費を請求することがますますはげしくなり、大蔵省はこれを拒絶したために、ついに各省と大蔵省との間に権限争いを生ずる形勢となって来た。

「たよりは大隈参議だ」

と井上は大隈に期待をかけた。

大隈は大蔵省の事務にも熟知し、井上と友誼も深かったから、大隈は大蔵省のために斡旋の労をとる意向を示した。

そこで井上はますます政費節約に努力した結果、約一千万円余の正貨を得るに至った。

井上は前年伊藤博文がアメリカで調査して来た国立銀行条例を実施せんと、渋沢に委嘱し、渋沢は日夜努力して調査を終え、その年十一月十五日公布の運びに至った。

おりしも三井組が私立銀行を立てる計画をなし、三野村利左衛門から請願があったので、これに準拠して国立銀行として創立することとなった。しかしこれを国立銀行とする以上は、ひとり三井組のみならず、小野組、島田組もこれまで三井組とともに政府の出納御用をも勤めていたので、彼らも含めて銀行を創立し、株主も募集することとなった。

井上、渋沢コンビの一大成果だった。

台湾征討

明治四年十月のことである。台湾に漂着した宮古島島民五十四人が殺害される事件が起こった。台湾は清国の統治下にあったが、清国政府の見解は、

「台湾人は化外《けがい》の民で清政府の責任範囲でない」

と責任を回避したので、日本政府が直接、日本人殺害の調査に乗り出すことになった。警察による犯罪捜査の意見もあったが、警察力では第二、第三の殺人事件が起こるかもしれない。そこで外務卿副島種臣《そえじまたねおみ》は、陸海軍人あげての征討を提案、この方針に決まった。このとき井上大輔に差し支えがあったので、渋沢が井上に代わって討議に加わった。

日本国としては初の海外派兵である。征台《せいたい》の役、台湾事件とも呼ばれるこの事件の実際の派遣は紆余曲折《うよきょくせつ》があって、実行は二年後だった。

西郷に全権委任

台湾征討はすべて西郷従道《じゅうどう》（隆盛の弟）に任された。

台湾出兵の方針は『鎮定後ハ漸次ニ土人ヲ誘導開化セシメ竟ニ其土人ト日本政府トノ間ニ有益ノ事業ヲ興起セシムルヲ以テ目的トスヘシ』

というものだった。

明治七年四月五日、台湾征討は西郷に命令を下し、薩摩の士族は競って駆けつけた。西郷従道は三隻の軍艦で、兵員三千余人を従えて、鹿児島から長崎へと向かった。まずは軍事物資の補給である。鹿児島の将兵は先勝気分だった。

このとき、米国大使と英国大使パークスから、台湾征討にクレーム（異議あり）が出た。米英が清国に味方すれば、先行きが見えなくなる。

政府内部で大もめになった。木戸孝允たちはもともと台湾への出兵には反対だ。結果として、政府は台湾征討の中止を決めた。

政府は、大久保利通を長崎に派遣し、『西郷従道に対して、台湾征討中止、出航停止』を言い伝えるように、と命じた。

ところが、鹿児島出身の大久保は、ここで尻込みしてしまった。長崎で出航を止めようものなら、鹿児島士族の大反発を食らい、わが命が危ない。制止は不可能と思ったのだろう。

大久保がもたもたとしている間に、西郷従道が明治七年五月二日に、長崎港から出港してしまったのだ。

西郷軍は台湾に上陸した。そして、琉球遭難者五十四人を殺した部族の探索をはじめた。やがて事件発生の「牡丹社《ぼたんしゃ》」という地区に絞り込んで総攻撃をかけて、集落を次つぎと焼き払った。住民たちは山奥に逃げ、日本軍は、牡丹社を制圧し、そのまま占領をつづけた。ただ占領地の環境は劣悪で、凱旋の途に就く七か月間に、風土病のマラリアで五百人もの死者を出した。

清国の実力者李鴻章《りこうしょう》、イギリスの駐日大使パークスの反発に対しては内務卿の大久保利通を全権弁理大臣として北京に向かわせ、

「台湾蕃地は、先に外務卿の副島種臣が交渉したときに、清国の領土ではないと言ったではないか」

と大久保は主張した。

「もともと台湾は古来の中国領土である」

と李鴻章が反発、双方が決裂寸前で、北京駐在の英国大使・エドワードが調停を申し出て、

一、台湾は清国の領土と認める
二、清国は遭難民に対する見舞金十万両を払う
三、清国は日本軍が造った道路、営舎の費用の四十万両を払う
四、日本国は一八七四年十二月二十日までに征討軍を撤退させる

の四点で妥結した。

台湾が日本の統治になるのは明治二十八年である。日清戦争の結果、下関条約によって

台湾が清朝から日本に割譲された結果だった。しかし第二次世界大戦で、日本は惨敗、ポツダム宣言によって台湾が日本から中国に返還され、今日に至っている。

政商

戦争と商人は一心同体だった。台湾征討で実利を上げた人物に大倉喜八郎《おおくらきはちろう》がいる。台湾での兵舎の設営や道路の建設などは危険が伴うため三菱や三井といった御用系の商人は現地入りを渋ったとき、新潟県新発田《しばた》出身の武器商人、大倉喜八郎が手を上げた。

大倉は兵舎の設営や軍軍用道路造成などを請け負い、疫病などで人夫百十余人を失う難事業だったが、生死をかけた仕事が評価され、政府との関係を強めた。

これを機会に日本土木会社を設立し、皇居造営や帝国ホテル、佐世保軍港の建設など国家的事業を手がけた。

渋沢は一切、こうした事業には手を染めなかった。商人の分をわきまえ、商売に徹しきった人物だった。

大倉はそうした渋沢に引かれた。渋沢の勧めであろう、大倉は大倉高等商業学校（東京経済大学）や台湾協会学校（拓殖大学）の設立にかかわったり、文化財の散逸を防ぐため東洋美術の収集を進め、大倉集古館などもつくった。

大倉は愛人を別邸に住まわせ八十を過ぎて二人の子どもをもうけている。渋沢も精力は絶倫で、愛人を持ち子供が三十人以上いたという。

仕事の内容は天地ほどの違いがあったが、下半身は甲乙つけがたいものがあり、二人は結構仲が良かったという。

陰湿な男・大久保利通

ある日、渋沢が総務局長室で執務をしていると出納局長がえらい剣幕で怒鳴りこみ、渋沢が西洋式の簿記を採用したことを怒り、

「君は西洋かぶれだ」

と満面朱を注いだ表情で飛びかかってきた。

負ける気はしなかったが、渋沢は素早く身をかわし、

「ここは役所だぞ」

と椅子を盾にし、怒鳴りつけると、

「君のような男と言葉を交わすのも汚らわしい」

と捨てぜりふを残してドアを荒々しく開けて出て行った。

渋沢はこの男をどこの人かは明らかにしていないが、大久保が差し向けた薩摩人であることは明らかだった。

大久保は陰湿な男だった。

西郷との仲に嫉妬し、嫌がらせに出たと思われた。

数え上げればキリがない。

あるとき、陸軍省の歳費額を八百万円に、海軍省のそれを二百五十万円に定めるという政府の議があって、大久保大蔵卿はこれに同意せねばならぬということで、渋沢らに下問があった。

渋沢は、

「元来定額のことはすこぶる必要で、大蔵省において早く全国の歳入額を明瞭にし、それを標準にして各省の定額を立てたいと考えて、爾来、精々努力しつつあるけれども、今日はいまだ正確の統計を得ることができませぬ。ゆえに今軽率に各省の定額を決するは、はなはだ不当のことと存じます。

そのわけは、国庫を管理すべき大蔵省において歳入の総計が確かならぬ場合に、陸海軍でも定額を立て、他の各省先を争って分け取りすることとなっては、会計の基礎は定まりません。

各省において臨時やむを得ぬ経費の生じた時には、なにをもってこれに応じますか。ゆえに目下やることは必要の度に応じ、切にこれを制限し、その支出に応ずる外に妙案はありませぬゆえ、定額のことはしばらく御見合せありたい。遠からず正確の統計ができてることと存じますので、その上で各省の費額を御定めなさるがよろしかろう」

と申し上げた。

これを聞いた大久保はいと不機嫌そうに、

「しからば歳入の統計が明瞭になるまでは、陸海軍へは費用を支給せぬという意見あるか」

と詰問した。

「これはだめだ。馬鹿らしく仕方なし」

この時も渋沢は官を辞する決意を一層強めた。

大久保は国家の柱石ともいわれる人でありながら、理財の実務に熟しないのみか、その原理さえも了解していなかったからである。

相変わらず藩閥の風を吹かせている、とんでもない男であった。

大久保は大蔵卿の器にあらずと渋沢は憤慨し、藩閥政治には反吐《へど》が出る思いだった。

加うるに大丞以下の職員は多く大久保の部下であるから、井上馨の意志を奉ずる者はいない。

このままでは大蔵省は不規則な会計事務を続け、ついに破綻を生ずるであろう。

渋沢は浜町の井上の邸を訪ねて重ねて辞意を申し出た。

「それは困る」

と井上はねんごろに説き、かつ省務刷新につき方策もあるゆえ、しばらく踏み留まることを求めた。

薩摩の人

その頃、突然、西郷隆盛が渋沢の自宅を訪ねてきた。草履《ぞうり》をはいて平服で飄然《ひょうぜん》と現れるなど、大久保にできる芸当ではなかった。

用事は何かといえば、

「二宮尊徳の興国安民法は良法だ」

と語り、同意を求めた。西郷が何を言いたかったのか、わからない部分もあったが、あるいは大久保との不和を聞いて、励ましに来たのかもしれなかった。

後日、西郷が反乱を起こすのも大久保のやり方に対する反発だった。

「いつまでも、ここにはおられない」

渋沢は人を人とも思わぬ薩長閥の思いあがりに辞職を決断した。

思いは井上も同じだった。

明治六年の五月三日、井上は大蔵省において渋沢以下の職員を招き、はじめて辞意を表明し、特に渋沢には省務の処理を依頼した。

だが渋沢も辞職は望むところであったから、井上と大蔵省を去ることを明言した。

やがて両人ともに辞表を提出した。こうして渋沢ははじめて年来の素志を達することを得たのであった。

一部の上層部は遺留してくれたが、大久保以下、役人はひどすぎた。幕臣の意地もあったが、父の急死も大きく、心機一転、渋沢は新たな転身に踏み切った。

「渋沢どんなら何でもできる」

と西郷が餞《はなむけ》の言葉を送ってくれた。


西郷はどこまでも薩摩の人であった。

明治政府は明治二年六月、維新運動の論功行賞を行った。西郷は賞典禄二千石を下賜され、臣下としての第一等の光栄をかちえた。木戸、大久保、広沢が千八百石。大村は千五百石、吉井、伊地知、板垣、小松、後藤らは一千石である。ついで九月二十六日西郷は正三位に叙された。木戸、大久保は従三位、薩摩藩主島津忠義も従三位であった。

明治維新はまさに「武力による改革」であり、その意味で西郷は第一等の殊勲者であった。ところが西郷は、自分は薩摩の西郷であって、朝臣ではない。それが位階をもらって、薩摩での行動を縛られては迷惑であると感想をのべていた。

西郷はいつまでも薩摩の士族であり、明治新政府の専制官僚へ脱却しきれぬ人物だった。

「われは薩摩の西郷にて可なり」

とする自然児的な発想、そこに魅力があったが、反面、不満の士族派が全国に充満しておりそれに乗って、西南戦争を引き起こしてしまう。

大久保との対立はそこに原点があった。二人を足して二で割れば最高の人物が誕生するものを、と渋沢は残念に思っていた。

第七章　近代日本構築に捧ぐ

銀行とは何か

明治二年十月末の大蔵省仕官より退官まで約三年半、この三年半の仕官を最後として、渋沢は永久に官途の志を絶った。

この時、渋沢栄一、三十四歳である。

官を辞した渋沢は、生まれたばかりの銀行を拠点に、近代経済社会の構築のために、全人生を捧げることになる。

渋沢が見るに、当時の我が国の農業や商工業は零細極まりないものだった。農業といえば、米と精々沢庵づくり、工業をしいてさがせば、老婆が糸車をひき、娘が機織する。商業といえば、味噌をつくって小売するくらいのもので、とても西洋には太刀打ちできない。

まずは銀行である。渋沢は明治六年（一八七三）、第一国立銀行（のちに第一勧業銀行、現みずほ銀行）を設立した。名前は国立だが民間の銀行だった。

渋沢は全体を統括する総監役に就き、幾多の試練を乗り切り、鉄道建設、紡績業、海運業と手を広げた。

銀行とは何か。

現代語訳『論語と算盤』（ちくま新書）に第一国立銀行の理念が分かりやすく解説されている。

「そもそも銀行は大きな川のようなものである。役に立つこと限りがない。銀行に集まってこないうちの金子は、溝に詰まっている水やポタポタ垂れるシズクと変わりはない。それでは人の役に立たない。国を富ませる働きはできない。銀行を立てて上手に流れ道を開くと、多額の資金となるから貿易も繁盛する。工業も発達する。学問も進歩する。道路も改良される。国の状態が生まれ変わったような状態になる」

なるほど庶民には分かりやすい表現だった。

といっても、軌道にのせることは決して容易ではなかった。

第一銀行の経営には、多くの問題が待ち受けていた。開業一年後、共同出資者であった小野組が経営破綻した。しかし渋沢は小野組が持つ米とか鋼の地金など在庫品の一切を提供し、それを処分して、危機を切り抜けた。

日本で最初の本格的製造業となった王子製紙の場合も、創業の苦労は、大変だった。技術、知識、人材は大金を払って海外から調達しなければならなかった。言葉の問題もあり、当初いくら努力しても思うような紙ができない。経営は赤字続きだった。社員を米国に留学させ、十年かけて技術の習得に当たり、紙の生産が可能になった。

今日の王子製紙、東京ガス、帝国ホテル、サッポロビール、日本郵船、東洋紡績など渋沢が手がけた企業は枚挙にいとまがない。

東京・青森間の日本鉄道会社は明治十四年八月設立を認可されて、私設鉄道に先鞭をつ

けた。この会社は多額の政府補助を受け、かつきわめて有利に見えたので、鉄道熱は　これを動機として急速に高まった、

この時期、創設された鉄道会社を列挙する。

明治十四年　日本鉄道
明治十七年　阪堺鉄道
明治十九年　伊予鉄道
明治二十年　両毛鉄道、水戸鉄道
明治二十一年　山陽鉄道、九州鉄道、讃岐鉄道、大阪鉄道、関西鉄道、甲武鉄道
明治二十二年　甲信鉄道、北海道炭鉱鉄道、総武鉄道
明治二十三年　豊州鉄道、筑豊鉄道、参宮鉄道、日光鉄道

この結果、旅行や貨物の運送に無上の便宜を与え、沿道各地の生産力も増加した。苦難の中で、次々と企業が育ち、さらに南満州鉄道設立委員を始めとし、東京電力、石狩鉄道、大日本水産、大日本麦酒、京阪電鉄、神戸電鉄、名古屋瓦斯、東京鉄道、日清火災保険、営口水道電気、中央製紙、東亜製粉、平安電鉄、日清生命保険、東京毛織、明治製糖、常磐水電、日本自動車、日本化学、日韓瓦斯などに関係し、企業勃興の中心となっ

て活躍した。

岩崎弥太郎

そんな渋沢に接近してきた男がいた。土佐出身の岩崎弥太郎《いわさきやたろう》である。渋沢は岩崎から向島の料亭に招かれた。

「僕と君が手を握れば、日本の実業界を思う通りに動かすことができる」

と岩崎が言った。

「冗談じゃない。君が言うことは、ただの金儲けではないか。そんなことをする気は毛頭ない」

渋沢は怒って途中で席をけった。

渋沢と岩崎には決定的な違いがあった。

渋沢に言わせれば、岩崎は薩長政権と結託した御用商人ではないか。自分は違う。痩せても枯れても幕臣の端くれだ。徳川慶喜公にお仕えした者だ。幕臣をなめてもらっては困る。そんな心境だった。

渋沢の日課

渋沢は晩年、談話百話を編集し『青淵《せいえん》百話』を同文館から刊行した。

五十七話を現代語訳したものが角川ソフィア文庫から『渋沢百訓』として刊行されている。現代人が渋沢を学ぶことができる大変便利な本である。これを読むと渋沢の日々が手に取るようにわかる。

いつも朝六時に起き、寝るのは十二時過ぎだった。朝起きるとまず風呂に入る。入浴すると、気分は爽快である。それから新聞に目を通す。それから朝食。朝食後、毎日来る手紙を読む。毎日三、四通は手紙が来る。読んだら返事を書く。そのうち来客が顔を見せる。

時間の許す限り客を辞したことがない。病中とか精神不快の場合、人に逢うのが辛いと感ずる時は仕方もないが、病中でも、なお客と語るのを楽しみとしておる。

貴賤貧富を問わず、必ず面会して、相手の意見を聞く。

毎日の用事の予約は黒板に書いてあるので、約束の時間が来れば外出する。通常十一時ごろには兜町の事務所へ出る。事務所にもすでに客が待っている。本を読む時間がない。

事務所には毎日、何十通もの手紙が来ている。これにも返事を自分で書く。

夜は宴会、相談等のために十時過ぎまでかかることが多く、一家団欒して食事をともにすることは、月の中に五、六日しかない。

外の用事が済んで帰宅してからは、あるいは新聞雑誌を読んだり、あるいは人に読ませて傾聴したりする。これは、一通り社会の風潮を知っておかなければならぬからである。

揮毫《きごう》を依頼されたものが常に三、四百枚はあって、時々催促を受けるのであるが、紙に臨めば精神も落ち着き、愉快を感ずるのであるけれども、その時間さえない。

こんな風で毎日寸暇もなく追い回されておる。

平素余があまりに忙しがるので、家族のものから、

「そうそう他人の世話ばかり焼いていないで、少しは子供のことも心配してもらいたい」

なぞと、苦情を申し込まれることもある。余も子供のこと、家族のことに意を用いぬのではないが、もしここに二つの仕事があって、一つは自分の利益となり、一つは公共のことであるとすれば、まず公共の事の方から処決したくなるのが余の性質である。それも強いて自利を棄てて、世のためを計らんとするのではなく、性質上、そうなさなければ気が済まぬし、また、かくするのがこの世に生まれてきた自分の務めであると信じておる。

しかしながら、この間にも軽重を量るのはむろんのことで、如何に公共のためとはいえ、さらに緊急な、さらに重大な問題が起これば、これを後としこれを先にすることも

ある。かく区別は立てておるが、とかく公共の仕事には身が入りや壊ぐ、しかしてそれがため、ことに平生の多忙を加えることになってくるのである。

元来、人がこの世に生まれてきた以上は自分のためのみならず、必ず何か世のためになるべきことを、なす義務があるものと余は信ずる。


というのが渋沢の信条だった。

七十七歳で引退

渋沢は大正五年、七十七歳喜寿をもって実業界より引退し、余生を専ら社会・公共事業にささげることを決意した。

渋沢が明治初年以来六十年間に、創設者、あるいは正副総裁、正副会長、相談役、顧問、理事、評議員、あるいは後援者として関係した事業は、六百有余を数えた。

それも一切、身を引いた。

そして社会事業、労資協調および融和事業、国際親善および世界平和促進、教育、道徳風教の振興、学術その他の文化事業、自治団体、記念事業、生活改善等にまい進することを表明した。

見事な転身であった。

東京養育院

渋沢の数ある社会事業で、一段と注目されるのは、東京養育院である。

その関係は明治七年、渋沢が東京府知事からその共有金の取締を命ぜられたのに始まる。共有金とは、寛政年間老中白河藩主松平定信が、江戸の町政を改革し、町費を節約してその余剰を積立て、さらに官金を下附して備荒貯蓄資金とした、いわゆる七分金の後身で、維新後東京府の保管に属し、府は共有金として管理し、これを利用して各般の公益事業を行った。

その一つに養育院があった。

渋沢は共有金取締を命ぜられるに至ってこれに関係することとなったのである。明治九年に東京養育院事務長、明治十八年東京養育院長となり、以後組織変更あるも常に院長としてその整備・発展に尽力した。

一つや二つではない。

東京府社会事業協会、四恩瓜生会、福田会、滝野川学園、東京感化院、慈恵会、済生会、全生病院、回春病院、救世軍病院、医療予防協会等の会長あるいは顧問、相談役として、または賛助、寄附募集により援助したものは四十余におんだ。

東京慈恵会、聖路加国際病院などの設立にも助成し、日本結核予防協会、癩《らい》予防協会の結成にも力を貸した。

内外災害救他もまた前後二十におよび、大震災のときは、実質上の会長として、帝都の復興に貢献すること大であった。

労資協調についても渋沢は最大の功労者であった。

渋沢はすでに明治十年代において工場法に注意を払い、のち、その必要を唱え、労働組合に関しても、これを認めて善導すべきと説き、家族的温情によって労資の協調を図るべきことを主張した。

教育事業

教育事業のため渋沢はさらに、東京帝国大学、早稲田大学、二松学舎大学、同志社大学の設立にも協力した。以下二十に近い諸学校にも援助しているが、この方面における渋沢の功績も多大なものがあった。

女子教育においては、東京女学館、日本女子大学校に対する援助はことに大であり、後に両校の校長となって自ら社会をリードする女子を育てた。

道徳風教の振興についても、講道館、少年団・大日本青年協会以下十余の団体に尽力しており、国際親善の事業中、特に力を尽したのは日米親善であった。

渋沢は国民外交の先頭に立ち、渡米四回、アメリカの有力者に多数の友人をもち、アメリカ人の親愛と尊敬を受ける点において、渋沢に勝る人はなかった。

七十歳を過ぎてからも訪米し、日米関係の改善にも骨を折った。

渋沢はヨーロッパの自由主義、民主主義を身につけ、かつ日本古来の道義心も兼ね備えた偉大な日本人だった。

自主独立

渋沢は幼時より『論語』によって教育されたが、終生『論語』をもって徳育の規範とし、常に論語算盤説、もしくは道徳経済合一説を唱え、これを実践躬行することに努力し、また学問と実際との結合を重視し、森有礼《もりありのり》の商法講習所にその端緒を有する東京高等商業学校（現一橋大学）が幾度か廃校の悲運に陥ったが、今日の隆盛あるは、渋沢の実業教育尊重の精神によること大だった。

渋沢は多くの実業学校にも援助を与えた。大倉高等商業学校・高千穂商業学校・東京高等蚕糸学校・岩倉鉄道学校等々枚挙にいとまもない。

明治二十二年三月十九日、渋沢は、東京高等商業学校の第一回卒業式に一場の訓示演説し、その中で「私は、商業で国家をとませ、工業で国家の富強をも図り得られると考えております」と極めて示唆に富む意見を述べていた。

これだけの人物は、その後、現れていない。
稀有な日本人、それが渋沢栄一だった。
一万円札に最もふさわしい人物、それが渋沢栄一だった。

第八章　渋沢の『徳川慶喜公伝』刊行の執念

慶喜の生き方の意味

渋沢は多忙な中でも関西に出張するときには、途中で静岡に降り、慶喜を訪ねた。慶喜は謹慎こそ解かれたが逼塞《ひっそく》を続け、民間人の渋沢には会ったが旧幕臣には会おうとしなかった。

政治向きの話は好まず、渋沢は落語家や講釈師を連れていって、慶喜の無聊《ぶりょう》を慰めたりした。慶喜は、自分を無にして、一切の理屈を捨てて、明日の日本に席を譲ろうとしていた。

幕末という時代の罪や失政をすべて一身に被って、三十一歳から七十七歳まで四十六年間、沈黙と忘却の中に投げ込んでしまっていた。こうした慶喜に渋沢は同情した。

慶喜は自分を見出してくれた大恩人である。

しかし慶喜のふがいなさは覆うべくもなく、情けなく感じていた。慶喜が勇ましく薩長との決戦に及べば、日本は薩長と幕府に分かれ、大戦争になったことは間違いない。

東北諸藩は会津藩を中核として戊辰東北戦争を引き起こし、半年間にわたって抵抗、会津藩は一か月に及ぶ籠城戦を展開、三千人の死者を出して敗れた。老若男女、死に物狂いの戦争だった、越後でも河井継之助が蜂起した。

明治は躍動する時代ではあったが、安定した社会ではなかった。明治七年には佐賀の乱が起こった。明治十年には、西南戦争が起き不満分子がそれを利用して暴発する可能性は、決して小さくはなかった。

慶喜が先頭に立てば、外国の軍勢も含めて国を二分する戦争となり、日本は国内の混乱だけではなく、外国の植民地になることも懸念された。

慶喜は一人ですべてを背負い、日本を救ったのではないか。渋沢はそう考えるようになった。

渋沢は明治二十年ごろになって、ようやく慶喜の生き方の独特の意味を理解するようになった。

慶喜は救世主ではなかったのか。渋沢は改めて慶喜を見直した。慶喜も、渋沢との交際を喜び、心待ちにするようになった。

明治三十七年、渋沢が重病にかかると、慶喜は、わざわざ見舞いにきて、手を取って涙を流した。

慶喜がいかに孤独な人間だったか、これでわかるような気がした。

波乱の過去を共有する二人の間には、余人の窺い知れない深い関係が育っていたのである。世間の評価は腰抜け慶喜だった。

京都時代、慶喜を全力で支えた会津の人々の怨念は特に強かった。

慶喜は基本的に冷たい人間だった。

会津藩主松平容保をまるで弟のように使ったが、使う必要がなくなると、切り捨てた。

代わり身が早かった。

慶喜の無言にはもっと深い意味合いがあったのではないか。そう感じた渋沢は、旧主の無実の罪を雪ぎ、その功績を周知させることが、自分に課せられた天命だと考えた。これを山縣有朋《やまがたありとも》に話すと、

「まあ、ああなったんだから、いまさら君が心配しても賛成はできない」

と断られた
井上馨に話すと、

「山縣ではだめだ、伊藤に話せ」

と理解を示してくれた。

伊藤博文《いとうひろぶみ》に相談すると、尽力を約束したが、そのためには、慶喜の意向を確かめたいといった。そこで慶喜に聞くと、

「自分は維新のときに首を差し上げることを覚悟した。今も同じ存念でいる」

と答えた。

伊藤は感動し、以来、慶喜の復権に力を尽くしてくれた。

明治三十年ごろ、渋沢は王子の飛鳥山《あすかやま》の自邸にある茶室で、茶会を催した。客は今をときめく伊藤博文と当時ようやく東京に移ってきた慶喜だった。

飛鳥山からは、関東平野を越えて筑波《つくば》の山並みまで見渡すことができた。慶喜の彫りの

深い表情には、紛れもない気品が漂ってぃた。

当時、慶喜は徳川十六代目の当主徳川家達の居候でしかなかったが、国の命運に関わる、あの重大なときに大政奉還に応じ、維新を可能にした功績は誰も否定することができないことだった。

明治三十三年（一九〇〇）、慶喜は、宮中に招かれて天皇に拝謁し、皇后様が自らお茶を立てて、慶喜をもてなした。また、「麝香間祗候《じゃこうのましこう》」という妙な名前の資格が与えられた。

明治三十五年（一九〇二年）、慶喜は公爵になった。

明治天皇は、

「やっと慶喜に借りを返すことができた」

といって喜んだ。

同じ日に、西郷隆盛も名誉を回復し、公爵を授けられた。慶喜と西郷の復権なしには、明治は、その正当性を確立できなかった、といえるのかもしれない。

渋沢はこれを機会に慶喜の生涯をまとめた『徳川慶喜公伝』の発刊を決めた。

慶喜は公爵を授けられたことで、自由な発言も可能になっていた。

『徳川慶喜公伝』は、そうした時期に編纂されたものだった。

『徳川慶喜公伝』発刊の理由

渋沢は『徳川慶喜公伝』の序文で、大要、こう述べた。

徳川慶喜公の御伝記の完全なものを、私が終生の事業として作り上げたいと思うたのは、決して偶然の事ではない。

私一身の特別な境遇にその動機を発し種々なる事情よりしてますますその心を強くしたのである。しかして此も御伝記を他人が読んで、成程左様であったかと合点するには、この事業を思ひ立った原因から説き来らねば、茲《ここ》に立ち至った径路が理解し得られまいと思う。

原来、私は実業を本務とする者で、優美なる文筆の才あるでもなく、又御伝記を編纂する程の史学の素養ある者でもない。

然るに茲に大胆にも、自己の名を以て後世に伝へる所の大著述を為すというは、実におこがましい事である。然れどもこの御伝記編纂が、私に対する天の使命であるとの念慮と、ぜひ此書を完璧たらしめ、後世の人に十分心して読んで貰いたいとの熱望とは、編纂を始めた後に至って更に深厚になったやうに感ずる。

今や編纂諸氏の勉強によって、顛末を精しく述べて、この伝記の編纂は斯様《かよう》な精神から発刊したという事を明にし、これを巻首に置いて序文に充てるのが最も適当と思うて、ここに徳川慶喜公伝編纂事情を事実ありのままに述べるのである。
自分は一橋家の家臣となり、一たび公を主君と戴いた以上は、身を終はるまで臣子の分を尽さなければならぬと励み、その後、慶喜公は徳川の宗家を御相続なされ、引続いて将軍職を御拝命になった。
私も一橋家から幕府に召連れられて、幕臣となり、公の御弟徳川民部大輔殿が仏蘭西の博覧会に参列せられるので、その随行を命ぜられた。
その間に幕府は瓦解、帰国したとき、慶喜公は朝敵の汚名を受け、駿府の寺院の一室で端座されていた、
大政奉還は、慶喜公が国を思う深遠なる配慮ではなかったか。終生弁解せず、じっとたえている姿に自分は感動し、徳川慶喜公伝の編纂を決意したのであった、
伝記編纂所を兜町の渋沢の事務所の楼上に設け、数名の編纂員を置いて新に編纂事務に著手したのは、明治四十年六月の末であった。

『昔夢会筆記』

それと並行して行われたのが『昔夢《せきむ》会筆記《かいひっき》』である。
徳川慶喜公伝の基本資料とする慶喜の懐旧談で二十五回に亘って開かれた。
第一回は明治四十年七月二十三日、渋沢の兜町事務所で開かれた。出席者は渋沢栄一、

渋沢篤二、法学博士穂積陳重、阪谷芳郎、文学博士三上参次、荻野由之、小林庄次郎だった。質問者は毎回、同じではなかったが、渋沢は必ず出席した。

この日、慶喜は大政奉還、鳥羽伏見の戦争、江戸に帰って恭順の意を表したことなどを淡々と語ったが、何せ四十年前の出来事である、記憶が薄れてしまったこと、間違って理解していたことなどもあり、ちぐはぐな部分もあった。知らない。それは違う、など聞き手を困らせる場面もあった。都合の悪いことは「知らない」といいはった。忘れてしまったこともあった。

だからすべて真実とはいいがたい面もあったが、そこは質問者が鋭く切り込み、慶喜を問いただす部分もあった。

そうした中で慶喜が力を込めて語ったのは、大政奉還だった。徳川家康を先祖とする徳川幕府が時代にあわなくなっていることを一番、認識していたのは慶喜だった。

慶喜はヨーロッパ帰りの西周《にしあまね》に大政奉還後の政治構想を練らせていた。それは慶喜を大君とする中央集権国家で、大君は行政のトップとなって全国を統治し、さらに立法機関の議長を兼ね、軍隊も統率するというものだった。多分にフランスのナポレオン三世を真似たものだ。

その場合、天皇は立法機関で議決された法律を認証するだけで、象徴的存在と位置づけた。意を強くした慶喜は、この改造計画を念頭に入れ、駐日フランス公使ロッシュの指導のもとに、あらたな官僚機構をつくり、内閣も発足させた。

勘定奉行小栗忠順の努力による製鉄所や造船所の建設もその一環だった。これらが軌道に乗れば、反幕府勢力の薩長を叩き、幕府を中心とした新制日本が建設できると認識した。しかし反幕府運動は日々強まる一方だった。西郷や大久保が、これを認めるはずはない。西周も一人よがりの人物だった。慶喜は薩長を抑えるために、土佐藩に期待を寄せた。

土佐藩は薩長と幕府の間に立って、独自の王政復古を模索し、慶応三年十月三日、後藤《ごとう》象二郎《しょうじろう》と福岡孝悌《ふくおかたかちか》が二条城を訪ね、老中首座板倉勝静に土佐藩主山内容堂《やまのうちようどう》の建白書を提出した。

「公明、正大の道理に帰し、天下万民とともに皇国数百年の国体を一変し、至誠をもって万国に接し、王政復古の業を立てる一大機会と存じ奉り候」

として慶喜の改革を支持する意向を伝えた。慶喜は自信満々、十月十三日に在京四十藩の重臣を二条城に集め、大政奉還を述べ、翌日、政権を朝廷に返上した。

これは大冒険だった。まかり間違えば慶喜は、将軍の座を滑り落ち、ただの人になりかねない危険をはらんでいた。

最後の将軍

当時は映像がない。

慶喜はどんな声で、何をどうしゃべったのか。その時の反応はどうだったのか、すべては推察するしかない。文豪司馬遼太郎は『最後の将軍』で、慶喜の心境をこう表現した。

「いま天下の諸侯はもはや戦国のころのように割拠している。幕府の威令おこなわれず、召せども来ぬ。このままゆけば日本は三百の大小国に分裂するほかない。徳川家が政権を返上しさえすればそれが一つにまとまる。すべては天下安寧のためである。神祖は三百年以前、天下安寧のために業を創《はじ》められた。いま天下安寧のために政権を棄《す》つ。神祖の御志と同じである。棄ててもってそのご意志を継ぐことになる」

と、数時間にわたって説き来たり説き去り、最後に、

「異存はあるか、あらば、言え」

といった。みな、微動もしない。

意外の上意に茫然としたというよりも、一種の催眠状態におちいっていた。

その御明弁に酔えるなり。

と、現場の異様な空気をみた当事者のひとりが、その日記に書きしるした。

「なければよし。されば政権を返上する」

と慶喜がうなずき、一同を見まわし、やがて奥へ去ったあと、ざっと十分ばかりしてかれらはやっと慶喜の呪縛《じゅばく》から醒《さ》めた。みな、騒然となり、口々にさけび、閣老や大目付に詰め寄った。が、すべてはおわった。異存はないかとわざわざ仰せ出されたにもかかわらず、かれらは催眠状態を続けていたし、「なればよし」と慶喜が立とうとした瞬間もかれらはまだ醒めず、その袴をとらえようともしなかった。

おそらくこのような雰囲気だったに違いない。幕臣、譜代、家門、親藩、いずれも大反対だった。無論、会津藩も反対だった。

甘い目論見

これを見越して慶喜は大君制という落としどころを用意していた。天皇を頂点とする新たな徳川体制への転換である。慶喜らしい巧妙な戦略だった。

この日、朝廷は慶喜の思惑どおり、国家の大事および外交案件は当分の間、慶喜に委任する旨の決定がなされた。

「容保、何も心配はいらぬ。すべては余の目論見《もくろみ》どおりである」

慶喜は会津藩主松平容保の顔をみやって、ほほ笑んだ。

京都守護職も風前の灯で、これからどうなるのか、容保は意気消沈していた。会津藩は慶喜を見限っている部分もあった。

この人物についていては、前途が危ういという危機意識である。偏見と独断が多すぎてうんざりする日々が多かった。

「このまま京都にいては自滅する」

多くの会津人が思い、何度も帰郷を決心したが、その都度、慶喜が容保を説得し、容保が従ってしまうことの繰り返しだった。

このままおめおめとは帰れない、という声も一部にはあった。

だが、容保という人物、それらを含めて、冷徹に判断する気質にかけていた。

加えて会津藩には強力なリーダーシップを取れる人材がいなかった。薩摩藩は西郷や大久保が意のままに藩政を動かしていた。

目上の者を立てる日新館教育には限界があった。

この時、西郷はどう出たか。

「慶喜の首を引っこ抜いてやる」

と言って討幕を明言した。京都にいる一千の兵を三つに分け、一隊が御所を占拠する。もう一隊が会津藩邸を急襲、残る一隊が堀川の幕府軍屯所を囲み焼き払うという軍事クーデターである。

当初、西郷は武力討幕よりも慶喜の自発的な政権奉還によって局面の打開をはかろうとしたが、一転、過激派に変身した。

幕府との決戦をきめた西郷は、伊牟田尚平《いむたしょうへい》、益満休之助《ますみつきゅうのすけ》らを江戸に送り、関東各地の尊王派に働きかけ、江戸の擾乱《じょうらん》を画策した。幕府の足下に火をつけるゲリラ作戦である。

宮廷内部は中山忠能《ただやす》、正親町《おおぎまち》三条実愛《さねなる》、中御門経之《なかみかどつねなる》の三人を固め、討幕の密勅の起草を依頼した。天皇の名で天下に慶喜の罪を問うのだ。

そのためには武力で宮廷を包囲し、皇太子を意のままに操ることである。慶喜の甘い大政奉還は、あっという間に吹き飛ばされた。

密勅

「源慶喜、累世《るいせい》の威をかり、しばしば王命を棄絶し、先帝の詔《みことのり》を懼《おそ》れず、万民を溝壑《こうがく》に落とし入れて顧りみず神州まさに傾覆せんとす。万やむを得ざるなり」

として賊臣慶喜を殺害せよという過激な密勅が薩摩藩主と長州藩主に下った。

幼帝のあずかり知らぬ密勅である。薩摩藩主は幕府との一戦には反対だったが、この密勅を受けて開戦に踏み切った。密勅の効果は絶大だった。

天皇が知らぬといいだしては困る。武力で宮廷を包囲し、玉を意のままにする作戦で臨んだ。慶喜の知らぬところで、討幕のシナリオは着々と進んでいた。

これを知った土佐の後藤象二郎は松平春嶽《しゅんがく》に知らせ、驚いた春嶽は側用人の中根雪江を二条城に遣わし、慶喜に急を告げた。

慶応四年（一八六八）十二月六日のことである
この時、慶喜が選択すべき道は、二つか三つしかなかった。ひとつは思い切って幕府の単独政権を目指す道である。すべての軍事力を駆使して反対する勢力に砲火を浴びせ、勝利を得ることである。だが確信がもてなかった。

十二月八日夜、西郷はクーデターを断行した。この朝、会津藩兵はいつものように唐御門の警備についた。前夜の当直、組頭の小池勝吉が守備隊長の生駒五兵衛《いこまごへえ》に昨夜、御所の周囲が騒々しかったと報告した。

「どのように騒々しかったのか」

「ただざわざわと、人が動きまわる音が」

「それだけか」

「はあ」

勝吉が浮かぬ顔をした。そのときである。乾《いぬい》御門から完全武装の薩摩一中隊が来て唐御門から御台所に転じ、御所のなかに入った。続いて芸州兵一小隊が来た。これも装備を固めている。

勝吉が飛び出して、薩摩兵を追い、

「軍装は何のためなりや」

と問うと、

「主人が参内いたす故、こうしたまででござる。許可も得ておる」

という。そこで芸州兵に問うと、

「薩摩藩から警衛の通知があり、出兵いたしした。何故かは知らぬ」

という。会津藩も虚をつかれた。会津藩は動けない。慶喜から何事も穏便にいたせと告げられていたからである。


新選組を配下に会津藩の情報収集能力は高かったが、西郷の陰謀はつかめなかった。会津藩公用方の情報分析は肝心なところで、大きく崩れた。公家衆に食い込んでいたつもりだったが、見事に出しぬかれた。どこに欠陥があったのか。

夜中になって蛤《はまぐり》御門と唐御門の警備を土佐藩に引き渡すようにとの命令書が手渡された。会津藩はとくに抵抗もせず二つの門を土佐藩に引き渡した。土佐は幕府、会津の味方だという意識が最後まで抜けない。

会津藩追放

薩摩兵が刻々、御所に迫っており、御所は間もなく薩摩の軍団に取り巻かれようとしていた。この間、御所では重大なことが次々と決まっていた。朝敵の烙印《らくいん》を押されていた長州は無罪放免となり、これに関連し都落ちした公家と蟄居処分になっていた公家もすべて赦免となった。この中に黒幕の岩倉具視もいた。

土佐藩主山内容堂は、一人疑義を唱え、土佐藩兵の出動を見合わせた。だがもう大勢は固まった。薩摩兵が御所のなかを小躍りして走り回っていたが、西郷はここで王政復古の大号令を発令した。

幕府派の公家は解任され、幕府を廃止し、有栖川《ありすがわ》宮を総裁に任じ、仁和寺《にんなじ》宮、山階《やましな》宮、中山、嵯峨《さが》、中御門《なかみかど》の五卿と薩摩、尾張、越前、安芸、土佐の五藩主が議定、岩倉ら五人の公家と薩摩など五藩から三人ずつの合わせて二十人を参与とし、これらの人々の合議で当面の国政を担当すると発表した。

これで幕府と会津に賊軍のレッテルが張られた。

西郷の一人勝ちだった。幕府と会津は完全に裏をかかれ、賊軍に転落した。慶喜は都を追われ、大坂城にこもった。慶喜は昔夢会の第一回会合で、この問題についてこう述べた。

「余は風邪にてふせっていた。薩摩のやり方に将士は激高し、制すべからざる勢いだった」

鳥羽伏見の戦争が起こり、敵の陣営に錦旗が上がったとき、慶喜はすべてを断念した。

「今幕府に西郷に匹敵する人物ありやなきや」と板倉勝静に問うた。

「ううう、おりません」

板倉も匙をなげた。

もはやここから逃げるしかない、慶喜は松平容保をつれて江戸に逃亡した。

慶喜にとって西郷は天敵だった。慶喜はもう諦めきっていた。江戸の危機感が薄いのも問題だった。

勝海舟もそうだが、小栗忠順、榎本武揚、大鳥圭介、皆、京都の事情に暗かった。

弱気

慶応四年（一八六八）年のこと。

鳥羽・伏見の戦いのさなか、江戸へ逃げ帰った慶喜は、一人呻吟《しんぎん》していた。

例によって心は右に左に揺れたが、要はいかにしたら、生き残れるかである。榎本武揚や大鳥圭介らは依然として決戦論を展開していた。兵を箱根に出し、薩長を迎撃する。軍艦を大坂に出し、砲撃するなど強硬な意見である。

勝海舟も軍艦を率いて駿河湾や摂海を奇襲すべしといった。やはりやるべきか。

慶喜は、

「どうあがいても勝てるわけがない」

と、身の保全ばかりを考えていた。

慶喜がもっとも恐れたのは己の首と徳川家の取り潰しである。頼れるものには、何でもすがった。

薩摩の出である十三代将軍家定公未亡人の天璋院《てんしょういん》や前将軍家茂公未亡人の静寛院宮《せいかんいんのみや》にもとりなしを頼み、哀れな風情だった。

敵の大将、西郷隆盛は江戸に攻め上り、慶喜の首を取り、徳川をぶっ潰そうとしている。戦わずして、それを阻止する手はないか。頭のいい慶喜である。

人より先にそのことを模索した。それを可能にするのはロッシュと海舟だ。慶喜の脳裏には二人の顔があった。

慶喜はほっと安堵した。慶喜は武将としての決断、勇気に欠けていたが、機転の早さはずば抜けていた。

慶喜は強硬派の小栗を罷免し、代わって海舟を海軍奉行並に抜擢し、さらに陸軍総裁も兼任させた。無傷の幕府海軍をフルに使って有利に講和を進めることであった。

海舟が幕閣のトップに立ったのである。もっとも敗戦処理内閣だが、これも時代が生んだ異例の人事であった。

ロッシュには外交の側面からの支援を依頼した。もし江戸に攻めこむとならば、こちらも全力で阻止する。そうなれば薩長も多大の犠牲をだすことになり、日本は本格的な内戦に突入することになろう。

そうなれば諸外国の介入も必至で、中国のように植民地化の危険にさらされる。それでいいのか、それがこちら側の脅し文句であった。

うまくいけば薩長、幕府の連合政権におさまる可能性もゼロではない。至難の業ではあったが、慶喜は最後の賭けに出たのである。

その戦略にもとづき慶喜はロッシュと一月十九日、二十六日、二十七日の都合三回、顔を合わせた。

この会談で意見の一致を見たのは、あらゆる手を尽くして徳川の生き残りをはかることで、ロッシュは慶喜を、東日本を本拠とする徳川政権の最高指導者ととらえ、薩長の新政府と幕府の和解こそが、日本の混乱を救う最善の方法であるとした。

そのためにフランスは軍事面の強化も含めて全力を尽くすと慶喜を励ました。

「戦争が回避されれば、日本と諸外国との貿易は進展する。外交団にとってもそれがベストの道であり、イギリスも賛成するであろう」

と、ロッシュは語った。

ロッシュは二月早々、京都に向かい、薩長新政府の外国事務総督の伊予宇和島藩主伊達宗城や公家の東久世《ひがしくぜ》通禧《みちとみ》らに訴えたが、イギリス公使パークスは「ノー」と、首を縦に振らなかった。

イギリスには終始一貫、薩長を支持してきた経緯がある。対日戦略のいわば勝利者だった。

この時点で慶喜とロッシュの共同戦略は破綻した。幕府支持のフランス外交が薩長支持のイギリス外交に敗れたのである。

慶喜が頼る人間は、薩長に顔の広い勝海舟をおいてほかに、全くいなくなった。

「余はいかが致すべきか」

慶喜が問うと海舟は、

「もはやご謹慎しか道はございません」

といった。

「余は将軍である」

慶喜は海舟に抵抗したが、

「西郷と交渉いたすにせよ、上様にはご謹慎いただきませんと話が進みませぬ」

海舟は強く言い、慶喜はすべてあきらめざるをえなかった。江戸城を離れる慶喜の心は無残であった。いささかの懸念はあったが、これほどひどい貧乏くじを引くとは、夢想だにせぬ徳川家の転落だった。

家臣たちは号泣して慶喜を見送った。

勝の腹芸と西郷の深慮

海舟が幕府の後始末をすることになるなど一体、誰が想像したであろうか。

「あの野郎っ、身分をわきまえず出しゃばりやがって」

海舟は白眼視されてきたが、かといって他に誰もいない。海舟は誰はばかることなく終戦処理に没頭した。

従来、幕府の閣僚は皆、門閥の出であった。禄はわずか四十俵、旗本小普請の小吉の長男として生まれた海舟は、決して恵まれた環境に育ったわけではない。

しかし親父の小吉は無類の教育熱心で、剣道を習わせ免許皆伝の腕前に仕上げ、ついで蘭学がこれからの学問だと知るや、息子を著名な蘭学者に付け、その結果、息子は長崎の海軍伝習所に入ることができた。

あとはトントン拍子である。浮き沈みは無論あるが、軍艦咸臨丸の艦長として太平洋を横断したことが、海舟の人生を決めた。

べらんめえ口調で、いいたいことはずばずばまくし立て坂本竜馬を子分に従えたこともある無手勝流の男である。

西郷とも何度か会い、お互いに好印象は持っていた。

深窓育ちの慶喜は、そんな海舟を頼もしく思ったが、自分勝手に振る舞う海舟である。敵も多く、一緒に訪米した福沢諭吉などは、

「あいつは口だけの男で、自分が軍艦を操って海を渡ったといっているが、とんでもない。船酔いで寝てばかりいた。とんだ食わせ者だ」

と嫌い、

「悪いのはあいつらだ。登城に及ばず」

と、帰国を命ぜられた会津、桑名の藩兵も海舟には恨み骨髄であった。

「腰抜けめが、叩き斬ってやるわ」

海舟を刺殺せんとする者もいたが、慶喜は、はったりをかます海舟にすべてを託すしかなかった。

かくて海舟が歴史の晴れ舞台に登場することになる。

この頃の海舟の日記に、

「二月十日ごろまでは多事にして徹夜もしばしばだった。来客も日に五十人は下らず、殺気をおびた徒もいた。こうして筆記するのも暗殺されたあとで、この日記を示せば、決して欺いたものではないと知ってもらえるからだ」

とあった。

海舟が放った第一弾は幕臣山岡鉄舟に持参させた西郷への手紙である。実物は残っていないが、大村藩士で事に奔走した渡辺清左衛門が記憶していて、

「主君慶喜は謹慎し、恭順を旨としている。にもかかわらず、大軍で江戸城総攻撃の勢いにあるが、これはいかなる見込みであるか。徳川家はいまなお無傷の軍艦を持っている。これを大坂、九州、中国、東海道と横浜に停泊させれば、我々は十分に戦える。そうせぬ

のは、天下の大勢を思い、また自分と貴公の友情のためである。江戸の人心は湯のように沸騰していて、とても抑えることは出来ない。いましばらく官軍を西に止どめおかれたい」

巧妙な脅し文句の手紙だった。

まず相手に一発かませる。それが海舟のテクニックだった。

西郷のもとには慶喜助命の嘆願がきていたが、西郷は頑として慶喜切腹を主張していた。

当の西郷は、

「諸君はこの手紙を見て何と考えるか。実に首を引き抜いて足らぬ。勝が恭順の意あれば、官軍に向かって注文することなど無いはずである。勝はおろか慶喜の首も引っこ抜いてやるわ」

西郷は自信に満ちていた。

水戸に向かう

上野寛永寺はいまや反薩長軍の巣窟《そうくつ》である。ここにいてはいつ担ぎだされるか分からない。慶喜は水戸に送られた。

水戸は針の筵だった。

とんだ厄介者が来たという印象だった。

髪はぼさぼさに乱れ、一人呻吟していた。

大久保利通が慶喜を水戸にやるのは「虎を野に放つ」ものだと不安を漏らしたこともあってか、弘道館のなかで目立たぬように過ごした。

水戸藩首脳も藩内に動揺があっては、どのような処分を受けるかも分からず、家中一同相慎むように通達が出され、軽挙妄動を戒めたので、慶喜にとって居心地のいいところではなかった。

近づく人もなく『水戸市史』の幕末維新編にも、ほんの数行記載されているだけであった。

そこで海舟は慶喜の水戸滞在は出来るだけ短期間とし、徳川家発祥の地、駿府に徳川家の再興を目論んでおり、慶喜は一日千秋の思いで海舟からの連絡を待った。

敗軍の将の惨めさは、いつの世も同じである。江戸城中の金も底をついており、新門辰五郎が二万両を持参し、慶喜の当座の賄い費に当てる窮乏ぶりであった。

慶喜の死と葬儀

大正二年（一九一三）十一月二十二日、風邪をこじらせて静養していた慶喜は、眠るように亡くなった。渋沢は、夜中、小石川の第六天町の徳川邸に急いだが、すでに遅く、旧主の死には間に合わなかった。

十二月一日、上野の葬儀場は、久しぶりに、紫の地に白く葵の紋を大きく染め抜いた幔幕で飾られた。

渋沢は、葬儀委員長として、旧主の葬儀のすべてを取り仕切った。東上会は、満場一致で追悼文を送り、市役所や市電は弔旗を掲げた。市民は、歌舞音曲を遠慮し、江戸幕府最後の主宰者の死を哀悼した。

式場には、勅使、皇后、皇太后のお使いをはじめ、慶喜の後、宗家を継いだ家達、紀州の徳川頼倫《よりみち》、尾張の徳川義親《よしちか》、水戸の徳川圀順《くにゆき》など、御三家の当主、諸大名や主だった旗本多数がつめかけて、この貴人の最後を見送った。

三歳年上の慶喜は、渋沢が、理屈なく愛情と尊敬を注ぎかけることのできる、特別の存在だった。また、慶喜は、そういう愛情や尊敬をいくら注ぎかけてもびくともしない、強靭な人格を持っていた。

他人の感情に一切煩わされることのない、独特の、徹底した境地で生き、命を終えていったのだった。

『徳川慶喜公伝』の完成

『徳川慶喜公伝』全八巻が完成したのは大正六年の夏だった。

その時、渋沢の孫の敬三は、仙台の旧制第二高等学校英法科の学生だった。

東京帝国大学経済学部に進学、卒業後、横浜正金銀行に入行してロンドン支店などに勤務。後年、日銀総裁、大蔵大臣などを務める人物である。

旧制二高は戦後、東北大学に吸収され、教養部になった。

敬三は祖父の晩年をこう記していた。


私の父、渋沢篤二が、箱根に祖父の栄一を訪ねた。

祖父は静養を兼ねて、ようやく出版に近づいた『徳川慶喜公伝』の序文を書いていた。父が来ると、まとまりかけた原稿を父に渡して、声を上げて読んでほしい、と頼んだ。

伝記の編纂は、祖父が、明治二十六年以来、二十数年に亘って努力してきた事業である。

祖父は慶喜の復権と並んで、幕末の慶喜の行動を、正確に書き残すことを強く望んでいた。世間に知られたくないという慶喜には、死後に発表するということで了解を得ていた。自分の事務所に編纂所を設けて、幕臣の古老の談話などを集めていたが、なかなか捗らない。

明治四十年、東大の萩野由之博士を中心に、若手の優秀な歴史学者が集まって、本格的な作業に入りました。そのときは社会的復権を果たしていた慶喜も賛成し、編集者の質問に自ら答えるようにもなっていた。

存命中には、出版はできなかったが、原稿の相当部分を慶喜に読んでもらっていたことは、せめてもの慰めだった。

清々しい風の中を、若い父は、達者な筆で律儀に書かれた原稿を読みはじめた。初めはなんということもなく読み進んで行ったが、やがてこの文章に宿る祖父の気迫歴史とともに歩いてきたその人生のスケールの大きさが心に沁み、魂を揺さぶられた。行間には、七十歳を超えた祖父の、国を思い、主人を思いやる感情が溢れていたのである。

二十分も読み進むうちに、とうとう父は圧倒されて、嗚咽とともに泣き伏してしまった。

祖父は、驚いて父の顔を覗き込んだ。

「あのときを境にして、祖父の僕を見る眼が変わってきたようだ。若造ではあるが、これは世の中の心が分かるやつだ、とでも思ったんだろう」、と、父は、そのときのことを、生前よく懐かしそうに話していた。

慶喜の冤罪を雪《そそ》ぐという目的で始まった伝記編纂の作業は、学問的にも、幕末史の白《はく》眉《び》といわれる作品となって結実した。これに匹敵する本格的な研究は、これ以後、現在までまったく出てはいない。

このように、祖父の仕事には、独特の広がりと持続力、優れた客観性があった。そのためか、長い年月を経た後も、その本来の意味を失うことがありません。

今の世の中に直接語りかけてくる、という点で、祖父は、明治の指導者の中でも一味違った存在である、と私は考えている。

おわりに

私は渋沢栄一を執筆するにあたり、渋沢栄一自伝をベースに、土屋喬雄『渋沢栄一』、石井孝『明治維新の国際的環境』、杉山伸也『明治維新とイギリス商人』、石井寛治『近代日本とイギリス資本』を大いに参考に執筆した。土屋は、「渋沢の生き方は道義的生き方を第一義とする人生哲学であった」と記述した。その意味で類まれな大実業家であった。

渋沢が手がけた『徳川慶喜公伝』『昔夢会筆記』は、平凡社の東洋文庫で読むことが出来る。現代語訳で記述されているので、誰でも手軽に読むことが出来る。

普通、こうした作品は、日本史籍協会叢書など、公的なところから刊行されるケースが多いが、『徳川慶喜公伝』は渋沢栄一著として大正六年、龍門社から全八巻として刊行され、昭和四十二年に全四巻に再編され平凡社から発刊された。

『昔夢会筆記』の巻末に幕末維新のすぐれた研究者、大久保利謙《としあき》博士の優れた解説がある。

大久保博士は、明治維新の立役者である大久保利通を祖父、大阪府知事の大久保利武を父とする日本近代史の研究者で、戦後、その人脈を通じて国立国会図書館に憲政資料室を創設するとともに、名古屋大学ならびに立教大学教授をつとめた人物である。

大久保は、従来研究対象とはみなされていなかった日本近代史研究を学問分野として確立し、政治史、行政史、文化史、大学史、洋学史、史学史など多様な分野において学問的基礎を築いた人物である。

大久保は『徳川慶喜公伝』に関して、「聊かの虚飾もなく飽く迄も事実を直筆」する方針で書かれた伝記で、わが国の伝記として圧巻であると評価した。

『昔夢会筆記』は、慶喜の伝記編幕の史料調査のための編纂だった。二十数回の催しはその筆記でわかるように、たんなる回想談や座談に陥らず、最初の目的でよく貫かれていた。渋沢はもちろん、陪席者や故老はあくまで脇役となって、主要な質問はもっぱら江間政発、小林庄次郎、井野辺茂雄、藤井甚太郎等の起草担当者が行なっているのは、主催の意図がよく守られている作品だった。これらの作品は、幕末維新史研究に欠かせないものであり、この部分での渋沢の功績も大なるものがある。

会津の人々は、

「大樹、連樹を棄つ」

と慶喜の薄情を批判した。

歴史家松浦玲は中公新書『徳川慶喜』のあとがきで、

「慶喜は敗れた後も生きながらえ、晩年は明治天皇制国家の貴族社会に功労者として組み込まれたのは二重の敗北である。慶喜は危険な毒を勲一等公爵で買い上げてもらったのである」

と痛烈に批判した。基本的に同感である。

慶喜は明治に入ってから一度、お忍びで会津若松に来ていた。堂々と名前を名乗り、白虎隊の墓前に焼香すべきであった。しかし慶喜は何もせず、逃げるように会津を立ち去っている。

それはそれとして渋沢栄一の生涯には胸を打たれる。

ＮＨＫは二〇二一年大河ドラマで渋沢をどう描くのか、いまからあれこれ想像して、放送を待っている。

なお、さくら舎の古屋信吾氏と戸塚健二氏に何かとご指導をいただいた。また、執筆にあたり「財界ふくしま」のご協力もいただいた。感謝申し上げる。

星　亮一

二〇二〇年六月

著者略歴

一九三五年、宮城県仙台市に生まれる。一関第一高校、東北大学文学部国史学科卒業後、福島民報社記者となり、福島中央テレビ報道制作局長を経て、歴史作家になる。日本大学大学院総合社会情報研究科博士課程前期修了。

著書には『伊達政宗 秀吉・家康が一番恐れた男』『京都大戦争』『呪われた明治維新』『明治維新血の最前戦――土方歳三 長州と最後まで戦った男』『呪われた戊辰戦争』『武士道の英雄 河井継之助』（以上、さくら舎）、『偽りの明治維新』（だいわ文庫）、『斗南藩――「朝敵」会津藩士たちの苦難と再起』（中公新書）などがある。

『奥羽越列藩同盟』（中公新書）で福島民報出版文化賞、会津藩と新選組の研究でＮＨＫ東北ふるさと賞、『国境の島・対島のいま』（現代書館）で日本国際情報学会功労賞を受賞。

星亮一オフィシャルサイト
http://www.mh-c.co.jp/

天才《てんさい》　渋沢栄一《しぶさわえいいち》
――明治《めいじ》日本《にほん》を創《つく》った逆境《ぎゃっきょう》に強《つよ》い男《おとこ》と慶喜《よしのぶ》

二〇二〇年七月一五日　第一刷発行

著者　星《ほし》　亮一《りょういち》

発行者　古屋信吾
発行所　株式会社さくら舎　http://www.sakurasha.com
東京都千代田区富士見一-二-一一　〒一〇二-〇〇七一
電話　営業　〇三-五二一一-六五三三　ＦＡＸ　〇三-五二一一-六四八一
編集　〇三-五二一一-六四八〇
振替　〇〇一九〇-八-四〇二〇六〇
装丁　長久雅行
カバー写真　深谷市所蔵
印刷・製本　中央精版印刷株式会社

ISBN978-4-86581-256-5